AF603276

A Monsieur Abel Lefranc
[illegible] de l'Institut
je fais hommage de [illegible]
d'églises landaises [illegible]
ne [illegible] fortifiées [illegible]
XVIe siècle [illegible]
Xavier de Cardaillac
Magescq Landes
le 22.1.27

ÉGLISES FORTIFIÉES LANDAISES

PAR

Xavier de CARDAILLAC

1926

DAX
Imprimerie DUCASSE & DUHON, rue St-Pierre

A la Mémoire de l'éminent archéologue
Auguste BRUTAILS.
Son ami reconnaissant, Xavier de CARDAILLAC.

I

L'évêque de Rieux, en Comminges, Jean Tissendier, qui vivait au commencement du XIVe siècle, était un amateur pur d'art sacré et un éclairé et grand bâtisseur d'édifices religieux. Il fit construire à Toulouse une chapelle gothique qu'il orna de belles statues du Christ, de la Vierge et des douze Apôtres. Si la chapelle, dite de Rieux, a été démolie pendant la Révolution, les quatorze statues qui l'ornaient sont heureusement conservées ; douze se trouvent au Musée des Augustins, à Toulouse ; deux au Musée Bonnat, à Bayonne. Le Musée des Augustins montre encore, auprès d'une belle statue tombale que les fidèles de Rieux firent ériger à leur évêque, une seconde statue en pierre, peinte et dorée, dans laquelle, de son vivant, Jean Tissendier se fit représenter, mitré, crossé et vêtu d'un costume de Franciscain, tenant dans ses mains un modèle en relief de la chapelle de Rieux et l'offrant à Dieu.

Auguste Brutails ne pouvait pas, lui, être un bâtisseur d'églises mais il s'attacha dans sa vie à les étudier, à les faire connaître, et à les préserver tant des restaurations barbares que des barbares démolitions. C'est en savant et en croyant à la fois qu'il s'adonna pendant sa vie à l'art sacré, et conquit par sa science une renommée mondiale ; le souffle de la foi et l'ardeur de l'étude donnaient une double vitalité à ses investigations. Ce chrétien convaincu fut cruellement éprouvé : il perdit successivement sa fille et sa femme, et il resta, quand la vieillesse survenait, séparé ainsi de la vie familiale et rendu plus solitaire encore par une surdité absolue. L'étude et la douleur associées eurent raison de ses forces. Mais quand il s'est éteint, le dernier jour de l'année 1925, il a pu se présenter lui aussi devant Dieu, ainsi que l'évêque Jean Tissendier, tenant, dans sa main gauche, ses nombreux écrits sur les églises de la Gironde et sur nos anciennes cathédrales et, dans sa main droite, le plan de cette vieille et modeste église de Magescq, dont, l'année de sa mort, il avait sauvé le chœur et l'abside en danger de démolition.

Je le reverrai toujours, au début de cette même année 1925, parti de Bordeaux à Paris pour y subir une cruelle opération à un nerf de la face, après avoir au retour à peine touché barre chez lui, aux Archives de la Gironde, venir à Magescq le visage encore bandé, pour accomplir, en compagnie d'un second délégué, une mission de nouvel examen dont les avait chargés la Commission des Monuments Historiques.

Aussi dans la peine que m'a causée cette mort prématurée, c'est un pieux devoir pour moi de placer sous les auspices de mon camarade et de mon ami Brutails, landais d'origine, une étude sur ces églises fortifiées landaises dont il s'était fait le défenseur.

II

Eglises fortifiées du Sud-Ouest

Ces églises fortifiées, dans nos régions méridionales, ont pour caractéristique d'être exceptionnelles ; leurs défenses sont presque toujours postérieures aux édifices religieux. A titre d'exemples j'en citerai quelques-unes :

Dans le pays de Lavedan, qui borde les Pyrénées et se rattachait à la Bigorre, on comprend, à cause du voisinage de la frontière espagnole, si peu sûre jadis, la nécessité de fortifier alors les églises.

A Soulom, près de Pierrefitte-Nestalas, à l'entrée de la vallée de Luz, la chapelle paroissiale était défendue par un mur énorme sis à l'ouest, du côté opposé à l'autel orienté, et couronné de machicoulis bien conservés qui pouvaient remonter au XVe siècle.

L'église de Luz, datant, comme la cathédrale de Tarbes et la basilique labedanaise de St-Savin, de la fin de la dernière période romane, était défendue d'abord par un mur crénelé sans grand caractère et ensuite par une tour carrée, dont la porte était protégée par une bretèche en saillie. Ce petit ouvrage, plaqué en relief contre la muraille et s'ouvrant à l'intérieur, permettait de défendre le pied du mur par des ouvertures pratiquées à la base pour le jet tombant des projectiles, *Le Dictionnaire d'Architecture du Moyen-Age*, par Viollet-le-Duc, et le *Précis d'Archéologie du Moyen-Age*, par Brutails, étudient et figurent ces bretèches. Nous retrouverons ce mode de défense dans les églises fortifiées landaises que je décrirai dans le cours de cette étude.

A St-Savin, près d'Argelès-Gazost, la vieille basilique romane, modifiée pendant les périodes ogivales, doit probablement avoir été fortifiée *a posteriori* ; les ouvertures de ses combles n'ont pas sans doute servi uniquement à l'aération et la masse imposante de sa tour-coupole, flanquée de contreforts, a un aspect de forteresse.

Dans la Haute-Garonne, à St-Bertrand de Comminges, la haute et massive tour carrée romane qui domine à l'ouest l'église gothique, fondée par son évêque du XIVe siècle Bertrand de Goth, le futur pape Clément V, est couronnée par des hourds de bois. C'étaient des constructions en planches, qui, surplombant les murailles, reposaient sur des corbeaux extérieurs et s'étayaient sur des poutrelles à pénétration intérieure. Les hourds en bois, avant la première époque ogivale, précédèrent les machicoulis en pierre du XVe siècle, qui, avec plus de solidité, remplissaient mieux l'office de protéger à couvert le bas des murs. L'Administration des Beaux-Arts, dans sa restauration de la tour-donjon de St-Bertrand de Comminges, d'après les débris de l'ouvrage ancien, a bien fait de reconstituer en madriers au haut des murailles de pierre le hourdage primitif en bois.

Dans son remarquable volume illustré : *Les Vieilles Eglises de la Gironde*, Auguste Brutails consacre tout un chapitre aux *Eglises Fortifiées* de ce département. « Un très grand nombre des églises de la Gironde, écrit-il, ont reçu des fortifications, mais ce sont des fortifications de fortune ajoutées après coup, surtout aux XVIe et XVIIe siècles. Pas une de ces églises à ma connaissance n'a été construite pour servir de forteresse... L'église, par la hauteur de ses murailles, par la masse de sa construction, avait déjà une valeur défensive ; l'immunité que le droit lui conférait était une garantie de plus. Les habitants y déposaient tous leurs biens en nos contrées comme ailleurs et s'y réfugiaient en cas de danger... »

Auguste Brutails cite, comme ayant reçu des fortifications, une vingtaine d'églises girondines, et à l'appui de ses explications il donne des dessins, des croquis, des plans, des coupes, des phototypies. Ce sont tour à tour : une porte fortifiée à Cudos ; — une façade fortifiée à St-Jean-de-Blaignac ; — une fenêtre défendue à l'ancienne église de Branne ; — une échauguette à Martres ; — la porte d'accès du clocher de St-Vincent-de-Pertignas ; — l'église de Gajac qui rappelle celle de Magescq ; — le flanc nord de Montarouch ; — les clochers de Macau, de Cameyrac, de Tresses et de Coirac ; — le clocher fortifié de Targon qui ressemble, avec sa tourelle d'escalier et ses contreforts obliques, aux clochers fortifiés landais du Born et du Marensin.

III

Eglises fortifiées landaises

En Languedoc, en Béarn et en Gascogne l'église fortifiée est tout à fait exceptionnelle ; dans la Guyenne, pays maritime longtemps possédé par les Anglais, la fortification adaptée aux églises est un peu plus fréquente. Mais en ce qui est de la région des Landes qui avoisinait l'océan, pays de Born, de Marensin, de Maremne, ce qui était exceptionnel ailleurs devient ici la règle : on peut hardiment affirmer que les clochers qui ne furent pas bâtis pour servir de donjons, ou tout au moins non convertis après coup en réduits de défense, restent exceptionnels. Ce qui fait l'originalité sans précédent de cette ligne maritime du golfe de Gascogne c'est que la mise en défense des églises, postérieure ailleurs, se montre ici, par une règle quasi absolue, concomitante de la construction sinon des nefs du moins de leurs tours carrées.

Ce sujet vaste, je n'ai pas la prétention de l'épuiser, je veux simplement planter des jalons qui serviront à d'autres, après moi, à asseoir définitivement la voie que j'aurai le premier tracée. Dans cette étude de vulgarisation je m'adresse aux Touristes qui apprendront que, dans les Landes, ils n'ont pas seulement des curiosités naturelles à visiter, mais que, en outre des étangs vastes et des courants rapides qui ponctuent ou sillonnent les bords de la Côte d'Argent, ils visiteront avec intérêt, dans les oasis de nos verts pignadars, au milieu de ces villages rebâtis à neuf signalant la richesse présente, de vieux monuments rappelant la vie à la fois pieuse et souffrante du Passé.

Je m'adresse aussi aux Archéologues, auxquels je présente à résoudre des problèmes dont je leur pose les données. Si j'ai, cependant, assez de goût et quelque compétence en matière d'archéologie monumentale et d'esthétique ancienne et moderne, je ne me hasarderai nullement dans les questions d'histoire locale qui dépassent la limite des connaissances que je me suis imposées.

Mais, dans la partie exclusive que je traite et que je ne ferai d'ailleurs qu'esquisser, pour permettre aux connaisseurs de creuser les points divers que je vais effleurer, je leur signalerai — ou mieux je leur rappellerai — ces instruments de travail : 1° les 10 volumes du *Dictionnaire raisonné de l'Architecture Française du XIe au XVIe siècles*, par Viollet-Le-Duc ; — 2° l'*Histoire d'une Forteresse*, du même auteur ; — 3° les 4 volumes du *Manuel d'Archéologie Française*, de Camille Enlart, dont le tome troisième traite spécialement de la *Fortification* ; — 4° les 2 volumes du *Manuel d'Archéologie* d'Arcisse de Caumont, œuvre initiale à laquelle il est toujours bon de se reporter ; — 5° le petit ouvrage de vulgarisation encyclopédique d'Auguste Brutails : *Pour comprendre les Monuments de la France* ; — 6° son *Précis d'Archéologie du Moyen-Age*, œuvre un peu plus technique que la précédente ; — 7° enfin et surtout son admirable recueil illustré, in-4°, les *Vieilles Eglises de la Gironde* qui ajoute le plaisir des yeux au plaisir de l'esprit.

En dehors des Touristes et des Archéologues, j'écris surtout ces notes brèves pour mes compatriotes d'adoption, les Landais, afin d'amener leurs yeux à s'ouvrir devant d'autres richesses antiques de leur sol, en sus de ces produits si précieux qui s'écoulent des pins de nos sables jadis considérés comme stériles.

Ainsi que l'écrivait Auguste Brutails, en 1924, dans sa *Note sur l'Eglise de Magescq* : « L'église est à peu près tout ce qui rattache le présent au passé. Par elle, les hommes qui nous ont précédés sur le sol natal se rappellent à notre souvenir, par elle ils nous enseignent. Nos pères nous disent : « Nous » avons eu moins de bien-être que vous ; » moins de facilités de transports ; nous » devions nous contenter des ressources » locales et des matériaux que livraient les » carrières voisines. Nous avions aussi » moins de tranquillité : nous étions réduits » à fortifier nos églises et à nous y défen- » dre. Ne rougissez pas de nous : ce labeur » et ces luttes ont préparé l'abondance et la » paix sociale dont vous jouissez, vous » bénéficiez de nos efforts, comme vos fils

» bénéficieront des vôtres. » Ces vieilles murailles nous apprennent plus éloquemment que les plus beaux discours la solidarité des générations successives. Pourquoi priver de cette haute leçon les Landais de demain ? »

IV

Magescq

Ce n'est pas par un amour propre de clocher — c'est le cas de le dire — que je commencerai mes énumérations raisonnées par l'étude de l'église fortifiée de Magescq.

C'est encore un hommage que je rends à la mémoire d'Auguste Brutails, en parlant, en premier lieu, d'une église dont le chœur et l'abside, à préserver de la démolition, furent une de ses préoccupations dernières.

« J'ai vu bien des églises dans ma vie déjà longue d'archéologue, écrivait-il ; celle-ci m'a séduit d'emblée par ses dimensions, par sa belle mine, par son caractère simple et grave d'église-forteresse. Et à mesure que je connais mieux le monument, je m'attache à lui davantage pour l'intérêt qu'il présente à qui sait le regarder... »

En présence de la décrépitude... de surface, extérieure et intérieure de l'église de Magescq, les yeux des visiteurs, qui n'ont pas les regards expérimentés qu'avaient ceux d'Auguste Brutails, devront se défendre contre un premier mouvement de déception.

Au dehors, les murs sont écaillés, leurs

fondations sont verdies, les contreforts laissent pousser l'herbe entre leurs pierres disjointes ; au dedans, les plâtres des murs, squameux, sont décolorés par les intempéries, les couches du plafond moderne, en anse de panier, sont tombées par plaques laissant apparaître les lattages pourris.

Mais, sous ce masque de délabrement, les murs de la nef, avec leur épaisseur de o m. 75, se dressent intacts et l'abside de 1 m. d'épaisseur défie l'action du temps.

Avec les heures du jour et de la nuit, notre église prend un aspect différent : A midi, elle évoque un vieil et robuste archer du Moyen-Age, au visage et au corps sillonnés de rides et de cicatrices, accroupi, en sentinelle, au bord d'un ravin ; à minuit, on dirait une femme landaise vêtue de vêtements sombres, agenouillée dans un cimetière, priant sur la tombe de ses morts.

Quant aux fortifications, A. Brutails a retrouvé le premier, sous un crépi effrité, une petite porte gothique, murée actuellement, jadis la seule entrée dans la nef, et il a reconstitué sur le plan de sa *Note*, grâce à des corbeaux toujours en place et surmontés d'ouvertures, la bretèche qui surplombait et protégeait cette entrée.

La nef était défendue contre les agressions du dehors par des fenêtres-meurtrières, larges de moins de vingt centimètres, empêchant les corps des assaillants de passer. Il reste encore en place deux de ces meurtrières, l'une haute de moins d'un mètre et bouchée, l'autre débouchée et haute de deux mètres environ.

Au sommet des combles se tenaient deux lignes de défense, qui gardaient le poste de la bretèche, au-dessus de la porte, et les rangées continues des créneaux carrés du Nord et du Midi.

Si la nef était forcée, les occupants du bas se réfugiaient dans les deux chemins de ronde des combles, où les recueillaient les défenseurs des lignes supérieures.

Si l'accès des combles était forcé à son tour, il restait à la garnison le refuge du bastion-réduit, établi au dessus de l'abside. Là, les derniers défenseurs étaient à l'abri de l'incendie : au-dessus de leur tête, ni toit, ni charpente, le plein-ciel; autour d'eux, le demi-cercle d'énormes merlons de pierre, fendus par des meurtrières ; à leur pied, un chemin de ronde maçonné bordant une voute nouvelle du chœur. Cette voute, aménagée pour la résistance, était constituée par une double calotte de briques, posées de champ au-dessous et ensuite placées à plat, ce qui, sans pouvoir éviter les trous des projectiles, formait une sauvegarde contre l'effondrement. Du côté intérieur, un mur-pignon épais, présentant trois ouvertures qui devaient être munies de solides portes, montre encore à ses deux extrémités deux meurtrières obliques, faites de manière à enfiler la double voie que devaient forcément suivre les assaillants.

L'église de Magescq est la seule où le

bastion-réduit soit placé sur l'abside de l'Est et non pas sur la tour carrée de l'Ouest comme dans la généralité des églises landaises fortifiées. En voici la raison :

Au XIVe siècle, époque probable de la mise en état de défense de nos églises par les Anglais, au début de la guerre qui devait durer cent ans, l'église de Magescq n'avait pas de clocher à l'Ouest. L'arc triomphal du chœur roman était surmonté d'un mur, pignon-clocher, plus tard englobé dans la défense, et qui porte encore, comme beaucoup de clochers-pignons basques subsistants, trois ouvertures rectangulaires destinées aux cloches.

Si la petite porte murée peut remonter au XIVe siècle, la grande porte intérieure et ogivale de l'église doit, avec son arc brisé large et bas et les trous carrés des verroux de bois disparus, dater du XVe siècle.

Le clocher, coiffé au commencement du XVIIe siècle d'un bonnet carré, aux angles arrondis, et surmonté d'un tourillon pointu, ne saurait être antérieur à la Renaissance, et il ne parait pas avoir été bâti ni aménagé pour la défense.

Ce système de fortification, unique, de l'église de Magescq est doublé, comme intérêt, par le mérite de la décoration.

A l'extérieur, au-dessous du donjon, les corbeaux portent des traces de feuillages et de personnages ; la corniche du sommet est ponctuée par des roses à quatre pétales dont plusieurs restent intactes.

L'arc, légèrement brisé, de l'entrée du chœur, est surmonté par une décoration en bois ou en plâtre durci, qui occupe superbement, avec trois personnages seuls, une surface de cinq mètres de largeur.

Au centre, le Père Eternel portant le globe et la dextre bénissante ; à gauche, un ange adorateur s'élançant en avant dans l'extériorité de son geste de prière éperdu ; à droite, un second ange chevauche lui aussi avec naturel des nuages, mais, tandis que ses yeux ne quittent pas, extasiés, le visage de Dieu, il se concentre en lui-même, les mains jointes, dans l'intériorité de sa méditation contemplative.

Dans l'abside en cul-de-four, entre des nervures larges et plates, apposées avec goût au XVIIIe siècle, s'ouvrent des fenêtres basses en plein cintre aux vitraux modernes, et sans aucune moulure. Sous les deux arcs romans à peine brisés, la décoration du XIIe siècle s'épanouit intacte. Cinq des six chapiteaux présentent, dans le même style, un revêtement un peu varié d'oves en saillie et de palmettes étalées ; le sixième, celui de droite, œuvre de grand art, montre deux griffons ailés, aux corps de lions, aux têtes d'aigles, aux becs cruels affrontés, saisissant entre leurs serres la queue de deux serpents qui recourbent la tête en s'entrelaçant d'un double nœud en forme de caducée.

Au dessus des chapiteaux court un bandeau de pierre sculptée sur lequel se continue une double rangée de demi-oves, aplatis et opposés par les pointes. Nous retrouverons une trace de la même décoration sur les chapiteaux de la porte de cette pure chapelle romane de St-Girons, fortifiée elle aussi et remontant au moins au XIIe siècle.

Voici le dernier état des procédures de classement de l'Eglise de Magescq :

Dans sa séance du 30 mai 1925, la Commission des Monuments Historiques a maintenu, à l'unanimité, son avis de classement en ce qui concerne le chœur et l'abside de l'Eglise. Elle a ensuite déclaré que : « elle admettait à la rigueur l'agrandissement de l'église sur l'emplacement de la nef actuelle qui pourrait être démolie, mais à l'expresse condition que les constructions nouvelles fussent raccordées au chœur et à l'abside fortifiée. Maintenus dans leurs dispositions si particulières, ces derniers seraient seuls classés parmi les Monuments Historiques. »

De son côté M. le Sous-Secrétaire d'Etat à l'Enseignement technique des Beaux-Arts, par sa lettre du 7 juillet 1925 à M. le Préfet des Landes, a fait savoir qu'il avait « d'autant plus approuvé cette suggestion de l'Assemblée qu'elle est de nature à conserver à l'archéologie ce qui fait le principal intérêt de l'église de Magescq » et il terminait en disant que la solution proposée lui paraissant pouvoir être acceptée par la Municipalité, il la faisait inviter à se prononcer à ce sujet.

Postérieurement à la communication de ce document à la Municipalité de Magescq, il a été répondu par écrit à une demande faite par moi à la Mairie, que : « il n'est pas dans les intentions du Conseil d'outrepasser les volontés de la Commission et du Sous-Secrétaire d'Etat. »

Grâce à l'aide des efforts inlassables d'Auguste Brutails, vu leur double intérêt défensif et décoratif, l'abside et le chœur de l'Eglise de Magescq subsisteront, classés comme Monuments Historiques.

V

Lesperon

Lorsque, dans les premiers jours de décembre 1925, je descendis de voiture au pied de la tour-clocher de l'église de Lesperon, je fis, je l'avoue, un haut-le-corps de saisissement. Il n'est pas un archéologue, sous le coup d'une découverte fortuite, qui ne me comprenne, et il n'est pas un fidèle de la petite patrie qui puisse me jeter la pierre de la moquerie. Je ne voyais plus là, à proprement parler, un clocher, mais bien la tour carrée d'une forteresse.

Lors de mon premier voyage à Lesperon, ne disposant que de quelques instants entre mon arrivée et le départ, j'ai surtout étudié le dehors de la tour qui constitue d'ailleurs le principal caractère du clocher fortifié le plus complet et le plus original des Landes.

Le côté du Midi est le plus intéressant :

A droite, une tourelle rectangulaire qui, engagée dans le mur au lieu d'y être simplement adossée, ne mesure que 1 m. 75 de saillie sur 4 m. 50 de largeur ; elle contient un escalier de pierre à vis, auquel on accède de l'intérieur ; cette tourelle, à hauteur de la toiture du clocher, est surmontée d'un tourillon octogonal, dont la forme, complétant une construction antérieure, révèle le XVe siècle, qui introduisit en architecture et en sculpture, chez nous, et surtout chez les Arabes d'Espagne, les formes géométriques. Ainsi, en Bigorre, contre l'église de Rabastens, on éleva au XVe siècle un clocher polygonal, et, à Tarbes, contre l'église de Sainte-Thérèse, au-dessus d'une tour plus ancienne, on édifia à la même époque, une tourelle hexagonale.

A gauche de cette face du Sud est en relief sur la muraille, un peu au-dessous du toit, une bretèche si bien conservée qu'elle n'a perdu aucune de ses pierres ! Cet ouvrage en saillie défendait le pied de la muraille et aussi une meurtrière-fenêtre, placée au-dessous d'elle un peu à sa gauche, large de moins de 0 m. 20 et haute de plus de 2 m. Cette très haute et très étroite meurtrière rappelle absolument celle qui, débouchée depuis plusieurs années, est encore en place à l'extrémité est du mur nord de l'église de Magescq.

Une meurtrière identique fend le mur ouest de cette tour de Lesperon, sans ouvrage de protection cette fois. Les deux angles sud-ouest et nord-ouest du clocher sont protégés par deux gros contre-forts obliques, qui ne présentent pas de larmiers à leurs étages en retrait, ce qui est un signe d'antériorité sur le XVe siècle.

Le côté nord est étayé par deux contreforts droits toujours sans larmiers. Entre ces deux contreforts s'ouvre une porte, reconstruite ou très restaurée assez récemment ; mais, au-dessus de la porte, s'érige encore, aussi intacte que la précédente, une seconde bretèche qui défendait l'accès de l'entrée primitive. Auguste Brutails a établi, d'après des corbeaux encore en place, l'existence autrefois d'une semblable défense au-dessus d'une petite porte gothique murée au Sud de l'Eglise de Magescq.

Au-dessus du mur-pignon de l'église apparaît le haut de la face est de la tour ; fortifiée par deux contreforts, elle porte un petit appentis saillant, dont il serait intéressant de déterminer l'usage ; les deux contreforts et l'appentis sembleraient indiquer que, ainsi qu'à St-Paul-lès-Dax, le clocher était initialement séparé de l'entrée de l'église ?

Ce clocher de Lesperon est couronné par un toit d'une originalité extrême que nous allons retrouver sur la tour, fortifiée elle aussi, de Lévignacq : au-dessus d'une pyramide s'élève une pointe aigüe polygonale : ces formes géométriques bizarres révèlent clairement le style du XVe siècle.

Une dernière curiosité extérieure de

cette tour, c'est que les extrémités des faces, au-dessous de la tombée du toit, sont ponctuées par des corbeaux de pierre continus et légèrement espacés : J'en ai déduit que les défenses localisées des deux bretèches encore en place étaient complétées par un couronnement de hourds en saillie ; les étais des appuis sur des corbeaux en place devaient facilement reposer sur le couronnement de la muraille tout à fait à portée. Cette opinion s'est changée en certitude quand j'ai pris connaissance de ce passage du grand ouvrage d'Auguste Brutails sur les Eglises de la Gironde :

« On a cru même, écrivait le regretté membre de l'Académie des Inscriptions et Belle Lettres, voir à l'abside de Beychac des traces d'un hourdage ; les corbeaux qui font saillie à une certaine hauteur sur le milieu des pans du chevet seraient là pour recevoir les pans des hourds, mais cette explication est difficilement acceptable : l'établissement d'un hourdage aurait nécessité des trous au-dessus du niveau des corbeaux. Je ne vois pas comment on pourrait appuyer des hourds sur le sommet des murs de Beychac... » Mais après l'objection judicieuse, la constatation qui vient éclairer notre cas : au-dessous de la même page, A. Brutails donne la note suivante : (Dans cette étude de vulgarisation je n'indique pas de pagination ; les archéologues curieux d'éclaircissements, grâce à la table alphabétique des ouvrages que je cite, pourront aisément retrouver ces passages). « Drouin voyait aussi avec plus de vraisemblance des corbeaux pour des hourds en haut de l'Eglise de Queynac. »

Dans ma seconde visite à l'église de Lesperon j'eus l'honneur et le plaisir d'être reçu à l'entrée par M. le curé de la paroisse et M. le maire de la commune, qui mirent, très aimablement, à ma disposition l'un son carillonneur, l'autre son agent municipal. M. le docteur Ducournau de Caritz s'intéresse autant que son curé à l'embellissement de leur intéressante église et de leur clocher plus intéssant encore. Cette église est couverte, de neuf, en briques plates rouges. Je me permis de dire à ces messieurs que j'aurais préféré une toiture en ardoises s'harmonisant mieux avec la couverture du clocher, mais je reconnais que la thèse opposée est très défendable : en ces pays maritimes de grands vents la brique plate résiste mieux que l'ardoise aux ouragans ; elle est d'une étanchéité absolue, et même par sa vive couleur rouge elle est assortie aux peintures de l'intérieur et fait par sa note gaie opposition avec l'austérité noire du toit pointu de la puissante tour-forteresse.

Dans la nef, dont le bas côté est de construction récente, j'appréciai avec mes aimables introducteurs des peintures récentes à fresque qui ont le mérite rare de la discrétion dans la tonalité, mais j'admirai surtout les fines nervures de la voûte où les constructions neuves se raccordent parfaitement avec les anciennes. Ainsi que je le constaterai dans plusieurs églises du Born et du Marensin, ces nervures retombent parfois sur des consoles et plus souvent rentrent par pénétration, sur des points différents et sans la transition de chapiteaux, dans des piliers énormes. La puissance de ces piliers me fait supposer que cette église qui, comme bien d'autres de la région, fut restaurée et revoutée lors de cette pré-renaissance postérieure chez nous à la fin de la guerre de Cent Ans, remonterait d'après l'épaisseur de ses murs et de ses piliers à l'époque romane ou peut-être au commencement de la première période ogivale ?

Après l'église, nous visitâmes l'intérieur du clocher. Au rez-de-chaussée, la voûte arrondie en coupole est marquée plutôt que soutenue par la croisée de deux arcs ogives dont les retombées portent sur des consoles figurant un ange, une colombe, un chien, ornements et formes caractéristiques du XVe siècle.

On accède au premier étage par l'escalier de pierre en forme de vis de la tourelle carrée, qui n'a pas perdu une de ses marches. A hauteur du premier étage, on marche en toute sécurité sur l'extrados de la coupole, qui semble être faite de briques posées à plat, noyées dans le mortier et ne présente aucune fissure, aucune brèche.

Mais la curiosité de ce premier étage se sont les deux bretèches, vues de l'intérieur :

elles restent intactes, au dedans ainsi qu'au dehors, comme lors de leur établissement dans le cours probablement du XIVe siècle. On y accède par une large ouverture ogivale et l'on voit, au-dessus des corbeaux d'appui, trois trous carrés qui permettaient de défendre la base de la muraille en jetant les projectiles approvisionnés. Dans un pareil état de conservation intérieure et extérieure, ces deux postes de défense me paraissent uniques, en leur espèce, dans les Landes.

Au second étage, où conduit l'escalier de pierre continué dans l'intérieur de la tourelle octogonale, se trouve la charpente curieuse et en bon état de la pyramide de la toiture percée par le haut clocheton polygonal. Cette flèche si pittoresque du XVe siècle subit évidemment l'action du vent, mais combien elle plaît mieux à l'œil que ces toits en forme de bonnet carré aux angles arrondis, surmontés, comme un casque à pointe, d'un tourillon pointu, qui remontent à la fin du XVIe ou au commencement du XVIIe siècle et se retrouveront sur plusieurs clochers landais, à Magescq, à Saint-Paul-lès-Dax, notamment.

Comme je faisais remarquer au Curé et au Maire de Lesperon qu'avant eux on avait eu tort, pour dissimuler le rude appareil des murs de la tour, de simuler avec du ciment déjà écaillé, effrité, de fausses pierres de taille, ces messieurs, sur ma proposition, me manifestèrent le désir de voir leur clocher — sinon leur église — classé comme Monument Historique.

Certes, pour la conservation d'une tour-forteresse, unique dans les Landes et même ailleurs peut-être par le maintien en place presque complet de ses défenses, on peut compter sur le zèle des maire et curé d'aujourd'hui, mais après eux ?

Aussi, les Monuments Historiques feront une œuvre pie en classant, tout au moins, un clocher, dont la robustesse et l'état de conservation ne viendront en rien charger les finances obérées du Présent, mais qui sera alors définitivement protégé contre le vandalisme toujours possible de l'Avenir.

VI

Lévignacq

Ainsi qu'à Lesperon j'ai fait deux visites à l'église de Lévignacq et chaque fois j'ai été accueilli et guidé par le curé de la paroisse avec une compétente bonne grâce.

La nef a beau avoir été classée comme Monument Historique, c'est la tour qui, me paraissant fortifiée, s'imposa tout d'abord à mon examen attentif. Les murs, épais d'environ o m. 90 et larges de 8 à 9 mètres, comme à Lesperon, empruntent encore beaucoup de robustesse aux contreforts non garnis de larmiers qui les étayent, plus nombreux ici qu'ailleurs.

Ces hauts contreforts à un retrait sont au

nombre de deux à droite et au centre de la face sud. Sur la face ouest, deux énormes contreforts obliques placés aux angles en encadrent deux autres moins puissants mais aussi élevés. La face nord ne présente qu'un contrefort situé près de la nef.

De même qu'à Lesperon, le clocher est couvert par un toit en forme de pyramide, surmontée, en prolongement angulaire, par une haute flèche pointue et polygonale, dont l'extrémité s'est courbée sous l'action du vent.

Si tous ces étais de pierre extérieurs caractérisaient encore plus la solidité de la défense que celle de la stabilité, l'intérieur du clocher ne m'a plus laissé de doutes sur son utilisation comme réduit fortifié.

Au premier étage, du côté du midi, deux fentes étroites bouchées ont pu servir de meurtrières ; au deuxième étage, deux ouvertures rectangulaires, dénaturées peut-être mais sans caractères. Sur le côté ouest, entre les deux contreforts centraux, deux baies accolées, au sommet en arc brisé et surmontées d'un oculus, ressemblent à celles qui éclairent le côté sud de la nef de l'église, et qui, elles, ne paraissent pas remonter à une période de l'époque gothique.

Mais, au deuxième étage, sur le côté intérieur dominant le toit de l'église, sont percées deux meurtrières certaines dont j'avais pu, à la lorgnette, étudier du dehors la forme particulière. Ce sont, à proprement parler, des archères étroites, et traversées d'une croix dans la partie supérieure, ce qui prouve qu'elles furent établies non pas pour le tir de l'arbalète ou du mousquet mais pour celui de l'arc. C'est avec l'arc que les Anglais, qui avaient la maîtrise de cette arme, gagnèrent, au XIVe siècle, contre la lourde chevalerie française bardée de fer, les batailles de Crécy et de Poitiers, que devait suivre, dans les mêmes conditions, au commencement du siècle d'après, notre défaite d'Azincourt.

Nos deux archères, qui vont en s'évasant vers l'intérieur sur une largeur de o m. 33, sont larges à l'extérieur de o m. 13, et hautes de o m. 63 ; les deux fentes de la croix s'échancrent, chacune, sur une profondeur de 4 centimètres.

Ce genre d'archères est décrit par Auguste Brutails dans son *Précis d'Archéologie*, d'après le *Dictionnaire d'archéologie* de Viollet-Le-Duc ; ce dernier ouvrage, sous l'article *Meurtrière*, donne les explications suivantes qui s'appliquent exactement à notre cas :

« Ces ouvertures, avec rainures, furent inventées pour permettre le tir à l'arc, *à la volée*, contre lequel on ne pouvait se défendre derrière le mantelet comme à l'encontre du tir *de but en blanc*, que pratiquait simplement l'arbalète... La nécessité de laisser les parties inférieures des murs et courtines entièrement pleines pour mieux résister à la sape et à la mine, et l'emploi fréquent des archers, dès le milieu du XIVe siècle, pour la défense aussi bien que pour l'attaque, firent percer les meurtrières au sommet des défenses et amenèrent à échancrer leurs rainures... En effet c'est en Guienne, dans le Maine et en Poitou, c'est dans le Nord que ces meurtrières en croix pattée apparaissent d'abord, c'est-à-dire dans les contrées occupées par les armées anglaises, en partie composée d'archers...

Ces sortes d'archères apparaissent partout en France dès le XVe siècle ; leur forme était définitivement adoptée parce qu'elle permettait le tir de plein fouet et à la volée. L'artillerie à feu vint alors modifier de nouveau la forme des meurtrières. Celles-ci ne se composaient plus que de trous ronds pour passer la gueule du mousquet, avec une mire par dessus... »

Les deux archères de Lévignacq se rattachaient donc à un système de fortification établi probablement au XIVe siècle, par les Anglais, dans ce bourg et dans la région voisine, qui, comme dépendance de la Guienne, étaient sous leur domination.

L'intérieur de l'église.

L'église de Lévignacq, revêtue presque en entier de boiseries peintes, a perdu presque tout caractère ancien.

L'arc de l'entrée du cœur, brisé, large en bas, révèle une période gothique. Les fenêtres du midi sont composées de deux baies en arc brisé sans moulures surmontées d'un oculus.

Cette disposition de fenêtres doubles est presque générale dans cette région du Marensin ; d'autre part, je sais pertinemment que dans certaines églises plusieurs de ces ouvertures ont été faites assez récemment ; j'en déduis que quelques-unes doivent être antiques et que, si elles rappellent les fenêtres doubles de la fin du XIIIe siècle, elles doivent toujours appartenir à l'une des trois périodes gothiques.

Le fond du grand autel, avec son rétable de la fin de la Renaissance, ses larges guirlandes de fleurs et de fruits de style Louis XIII, que l'on retrouve aussi dans la chapelle du nord, cet ensemble pourrait remonter à la première moitié du XVIIe siècle. Deux jolis panneaux sculptés et dorés représentant l'un la Vierge, l'autre l'Ange de l'Annonciation, ont été fâcheusement déplacés lors d'une réparation ancienne et les deux personnages, au lieu de se faire face, se tournent irrévérencieusement le dos. L'autel, très richement doré, doit remonter à cette restauration de l'église, en 1713, dont je vais parler à l'instant : un Christ agenouillé au jardin des oliviers tend, avec naturel, la main vers la coupe d'amertume qu'un ange lui offre, mais, dans le coin de gauche, les apôtres sont endormis dans des attitudes bien tourmentées.

A l'entrée de l'église, un cartouche rectangulaire porte cette première inscription :

« Eglise restaurée en 1844, 5, 6, des dons faits par les paroissiens. »

C'est sans doute à ces années-là qu'il faut attribuer d'affreux tableaux, aussi noirs que laids, appliqués contre le mur du nord en face des fenêtres. Ces lamentables barbouillages me rappelaient d'horribles travaux dont vers la même époque un malheureux peintre en bâtiments, improvisé décorateur, encombra plusieurs petites églises des Hautes-Pyrénées. A Larreule, près de Maubourguet, les personnages, à la couleur et à la forme de bonshommes en pain d'épices, qu'il plaça au-dessus des fonds baptismaux, le dégoûtèrent lui-même, et il crut devoir faire suivre sa signature de Chavauty par ces mots : « a peint ce tableau pour soixante-dix francs. »

Le vrai et seul mérite de ces travaux du XIXe siècle est de nous avoir conservé la date et les détails d'une restauration, autrement sérieuse, remontant au commencement du XVIIIe. En face de la première inscription, on lit celle-ci bien plus intéressante mais remontant à la même époque :

« La restauration de cette église a été faite en 1713, 1714 et 1715, sous la direction de M. Rannelet (?), curé de la paroisse. Peintre, M. Fautier de Bordeaux, membre de l'Académie de Paris. Sculpteurs, MM. Monbalon, Giraud, Descombes, de Dax, et Robert, de Pouillon. La hache révolutionnaire a détruit de précieux bas-reliefs qui existent encore. »

J'avoue que je n'ai pas su relever les méfaits « de la hache révolutionnaire », mais j'ai été heureux de retrouver, soit sur l'autel soit sur la chaire, les bas-reliefs de quelques modestes artistes de Dax et de Pouillon, dont les souvenirs sont perdus mais dont les noms sont peut-être portés par leurs descendants ?

Quant au peintre Fautier de Bordeaux, membre de l'Académie de Paris, c'est à dire de l'Académie royale de peinture (?), on peut dire de lui que c'était un véritable artiste. Les archives paroissiales révèlent qu'il était payé une livre cinq sols par jour, ce qui devait correspondre à cinq francs d'avant guerre !

La seule chose qu'on puisse reprocher à ce bon peintre dont l'œuvre a été justement classée comme monument historique, c'est d'avoir confiné ses sujets sur un plafond de bois qui présente le double inconvénient d'être mal éclairé et ensuite de forcer la tête des visiteurs à se pencher en arrière dans la plus insupportable des attitudes. Combien il eut été mieux inspiré en garnissant de ses peintures, soit à fresque, soit sur toile camouflée, ce mur nord qui fait face aux fenêtres et qui plus tard fut si fâcheusement recouvert de si méchants tableaux.

Quoiqu'il en soit, si ce plafond est gênant à regarder, il est fort intéressant à étudier.

La composition un peu touffue, un peu confuse, représente des personnages de l'Ancienne Loi, de la Nouvelle et même des saints de la Légende Dorée : on voit, tour à tour, Jéhovah créant le monde ; puis on reconnait Moïse voisinant d'un peu trop près avec le roi David ; ensuite, quelque peu dépaysé parmi ces si vieux personnages, le bon saint Nicolas bénissant, pour les ressusciter, ces trois petits enfants que le méchant boucher avait occis et plongés dans son saloir en précurseur de l'Allemand anthropophage de ces temps derniers.

Ce qui fait le principal mérite de ces peintures, où les prophètes, les rois et les saints ont une stature au-dessus de la taille humaine, c'est la sûreté un peu hâtive du dessin, et surtout la couleur marron clair et doré dont la chaude ardeur dénote un petit élève attardé de l'espagnol Murillo. Entre l'Espagne et Bordeaux il y avait alors des attirances : quatre vingts ans après Fautier, Goya devait venir vivre dans cette ville les dernières années de sa vie.

Le plafond de bois est heureusement bien conservé, sans doute grâce à sa hauteur et à ses couches de peinture. Vers le bas des murs de petits cartouches représentent des esquisses abréviatives de paysages ; quelques-uns sont assez amusants. Mais les panneaux qui touchent le sol, dans la nef et dans le chœur, sont presque tous délabrés ou même pourris. Malgré la pénurie d'argent du moment, la Commission des Monuments Historiques, avec la collaboration d'une commune riche et bien disposée, devrait faire procéder à des réparations urgentes que l'administration municipale et le conseil paroissial de Lévignacq n'osent pas entreprendre de leur propre initiative.

VII

Mézos

La tour carrée de l'église de Mézos mesure, comme celles de Lesperon et de Lévignacq, de 8 à 9 mètres de côté, sur une épaisseur d'environ 0 m. 90 ; elle est étayée par deux contreforts au sud, deux à l'ouest, un au nord ; pas de contreforts obliques aux angles.

A l'extérieur, des fentes étroites, où nous allons reconnaître intérieurement des meurtrières, ont été, lors d'une restauration récente, recrépies et accentuées par des rebords saillants bien inutiles.

La tour carrée, peu élevée, est surmontée par une petite construction carrée en retrait qui contient les cloches et figure, disgracieusement, une sorte de pavillon chinois. M. le curé de Mézos, qui m'a si aimablement fait les honneurs de son église, jouit dans sa paroisse, si riche, d'une influence justifiée. Je me permets de lui soumettre la suggestion suivante d'un ami des vieux monuments landais : tout d'abord conserver la tour-fortifiée ; supprimer le fâcheux pavillon du sommet ; le remplacer par un édifice de même hauteur, qui continuerait, avec moins d'épaisseur, les parements du bastion carré, logerait les cloches et serait couronné par une toiture pyramidale surbaissée et couverte en ardoises ; pas de flèche gothique, venant amenuiser et dénaturer le clocher fortifié.

La visite de l'intérieur de la tour a justifié complètement ma détermination de forteresse.

L'assiette d'un premier étage supprimé est reconnaissable d'après le mur plus épais du haut du rez-de-chaussée, taillé en biseau, et qui jadis devait supporter, comme à Lévignacq, un plancher permettant d'accéder aux meurtrières de 0 m. 70 de hauteur sur 0 m. 15 de largeur ; à l'Ouest une meurtrière ; au Nord deux meurtrières.

Au second étage, le seul planchéié aujourd'hui : du côté du Sud, une ouverture ronde, une grande fenêtre carrée bouchée ; aux angles sud-est et nord-est, 2 ouvertures carrées ; à l'Ouest une fenêtre carrée.

Mais, au Levant, deux meurtrières obliques, sises à droite et à gauche de la muraille, permettaient d'enfiler les côtés nord et sud de l'Eglise. Ces deux défenses, aujourd'hui bouchées vers l'extérieur, rappellent les deux meurtrières de flanquement, qui se trouvent aux extrémités du mur-pignon fermant, à l'Ouest, le réduit fortifié, élevé au-dessus de l'abside de l'église de Magescq.

L'église de Mézos, de style gothique, en dehors de restaurations plus récentes, a eu tout au moins sa voûte refaite à la fin du XVe siècle ou au commencement du XVIe.

En effet, en sus de la retombée de certaines nervures sur des consoles, le sommet de l'abside est accentué par une *lierne*, cette nervure caractéristique de la fin de la troisième période gothique, qui accentue la ligne médiane de l'arc brisé de la voûte. « La lierne — dit Auguste Brutails dans son *Précis d'Archéologie* — en corrigeant une définition du *Dictionnaire d'Archéologie* de Viollet-le-Duc — est la nervure qui se profile sous la ligne de faîte des voutains de remplissage et qui réunit la clef des ogives, soit au sommet des tiercerons (ce qui n'est pas le cas de Mézos) soit aux clefs des doubleaux (comme dans cette église)... »

Quelle que soit la période d'origine de cette église gothique, elle est en parfait état.

Récemment elle a été décorée par M. Le Duc, l'excellent spécialiste de Bordeaux, qui, en sus des fleurons courants faits au pochoir, a orné les murs avec de délicates scènes religieuses, de composition heureuse et de peinture discrète.

Le chœur de l'église de Mézos a été embelli par une vraie profusion et une disposition fort bien agencée de lampes électriques. Aussi toutes les cérémonies religieuses brillent-elles, ici, d'une floraison instantanée de lumières, qu'on ne rencontre, faiblement et exceptionnellement, ailleurs, que grâce aux pâles bougies supplémentaires des Adorations Perpétuelles.

VIII

St-Julien-en-Born

L'église de St-Julien présente, à l'intérieur, des caractères du style de la troisième période gothique : des piliers semblables à des troncs d'arbres reçoivent sur des points divers, comme à Lesperon, sans la transition de chapiteaux absents, la retombée en pénétration des nervures. Une nervure en forme de lierne, caractéristique de la troisième époque gothique vers sa fin, rejoint le sommet de la fenêtre du fond de l'abside et celui de l'arc doubleau voisin.

Mais, d'autre part, surtout dans la partie est de l'Eglise, certaines nervures des voûtes sont recueillies sur des chapiteaux tapissés en feuillages, rappelant la deuxième époque gothique. Aussi l'architecte me paraît avoir agi judicieusement en ouvrant dans l'abside de larges, hautes et doubles fenêtres du XIVe siècle, surmontées d'une rosace de style rayonnant.

Un clocher gothique, bâti sur les plans de M. Dépruneaux, architecte des Monuments Historiques à Mont-de-Marsan, a remplacé, il y a quelques années, une tour carrée rappelant celles de Lévignacq et de Lesperon.

J'ai sous les yeux une photographie prise sur le côté nord, avant la démolition de la tour, par M. le docteur Laparade, de St-Julien. Entre deux contreforts obliques et en retrait s'ouvrait, un peu à gauche, une porte surélevée par un perron de cinq marches. Le sommet de cette porte en anse de panier était surmonté d'un arc en accolade fleuri sur les côtés et terminé par un haut fleuron.

A droite de la porte s'ouvrait, au rez-de-chaussée, la fente d'une meurtrière. Le haut de la tour était troué, au nord, par trois créneaux carrés. La toiture en pyramide, comme à Lesperon et à Lévignacq, était terminée de même par une pointe polygonale un peu moins haute, pouvant également dater du XVe siècle.

D'après les souvenirs du docteur Laparade, le côté ouest montrait trois meurtrières étagées, mais pas de créneaux ; le côté sud présentait trois créneaux au moins, et une meurtrière haute et bouchée.

Dans un coin de la tour, un escalier à vis en pierre dure permettait d'accéder à l'étage supérieur et au clocher.

Je déduis de cette photographie et de ces souvenirs que le clocher de St-Julien a été fortifié à une époque qu'il n'est pas possible de déterminer.

Je profite de cette occasion pour remercier cordialement et publiquement M. le docteur Laparade qui s'est montré pour moi un collaborateur véritable et précieux. Dans une double randonnée, il m'a fait visiter successivement, et doublement parfois, les églises de Lit, de Mixe, de St-Girons, de Linxe ; il m'a aidé à prendre des mesures, à découvrir des sculptures empâtées, à lire des blasons. Mes remerciements équivalent à une dédicace en second d'une œuvre qu'il a facilitée largement.

IX

Lit

La partie ancienne de la tour carrée de l'église de Lit s'élève à hauteur de la nef moderne ; elle est exhaussée par une partie nouvelle, flanquée aux angles de doubles clochetons et amenuisée par une flèche pointue à triple retrait.

Cette base primitive, qui seule nous intéresse, a des murs de 1 m. 06 d'épaisseur et de 9 m. de côté.

La face nord présente des contreforts restaurés à triple étage ; sur le côté ouest, un contrefort droit se trouve entre deux autres angulaires et obliques ; sur le côté sud, la porte extérieure est encadrée par un contrefort à droite, et à gauche par une tour ronde d'escalier intérieur.

Cette porte d'entrée est formée par des tores au sommet en arc brisé, qui reposent sur des bases à formes géométriques polygonales et renflées au pied, caractéristiques du style du XVe siècle.

Au rez-de-chaussée de la tour, on distingue, ainsi qu'à Mézos, la place du plancher disparu du premier étage, déterminée par un biseau horizontal et continu sur les quatre faces intérieures du mur.

Au haut de cet élargissement des parois se voient, ouvertes, une meurtrière, au Nord, et une meurtrière, au Sud, que le plancher disparu desservait. La voûte de la tour en coupole est bandée par deux arcs ogives dont les retombées, portant, aux angles, sur des consoles, descendent plus bas que le retrait en biseau, correspondant au plancher disparu.

Cette voûte du XVe siècle, ainsi que la porte extérieure et la porte intérieure que nous examinerons bientôt, tend à prouver que l'étage disparu était antérieur et que par suite la mise en défense de la tour devait remonter, comme dans la plupart des clochers fortifiés que j'étudie, au XIVe siècle.

La tourelle extérieure s'ouvre au rez-de-chaussée et conduit par un escalier de pierre en vis au sommet de la partie ancienne du clocher ; au bout de cet escalier était installé un poste de défense, qui montre encore les restes d'un plancher vermoulu et qui desservait quatre petites meurtrières accolées donnant sur le Midi, hautes de o m. 30 et larges de o m. 15.

Sur le deuxième étage de la tour, le seul subsistant, un plancher en bois s'élève, à o m. 50, au-dessus de l'extrados de la coupole, croisée à l'intrados par les deux arcs ogives.

A l'Est, du côté de la nef, on relève deux ouvertures évasées ; au Nord, trois autres semblables ; à l'Ouest, deux encore, et enfin une au Midi, à côté de la tour ronde. Toutes ces ouvertures ont dû servir à la défense de la tour.

Au rez-de-chaussée du clocher on remarque, reléguée assez haut sur une tablette, dans l'angle nord-ouest, une *Pieta* évidemment du XVe siècle, qui se révèle fort belle quand on l'étudie à la lorgnette.

Le Christ, au corps long et ployé, avec une raideur à demi cadavérique, est assis sur les genoux de sa mère éplorée ; sa tête et son torse sont soutenus par une Madeleine aux cheveux épars et ses pieds sont maintenus par Jean, l'apôtre bien-aimé, dont le corps est intact mais dont la tête a disparu pendant les guerres de Religion ou les troubles révolutionnaires.

Ces personnages sont peints, les voiles sombres de la Vierge cachent un peu l'expression de son visage en larmes, mais les cheveux épandus de Madeleine conservent les traces de leur couleur blonde et ne dissimulent point ses beaux traits. La ligne brisée du long corps du Christ vient se profiler harmonieusement sur les genoux de ces trois personnages assis, dans des attitudes d'une naturelle variété.

Ce groupe si intéressant rappelle, avec plus de pureté encore, ces *Pieta* d'inspiration bourguignonne et un peu heurtées, qui sont conservées dans le cloître du Musée des Augustins de Toulouse.

Comme dans une seconde visite je me récriais sur l'état d'abandon de la *Pieta* de

Lit, M. le curé, nouvellement installé dans la commune, me dit que le peintre bordelais Roganeau partageait mon admiration pour cette belle œuvre du passé. Cet artiste, Grand Prix de Rome, chargé de peindre, à la mémoire des morts de la commune, le haut de l'autel consacré à Notre Dame des Douleurs, avait demandé en vain qu'on substituât à une *Pieta* trop jolie, venue, sans doute, des ateliers parisiens de St-Sulpice, la rude *Pieta* gothique contemporaine de la porte ogivale de l'église.

M. le curé, si accueillant, et les conseils paroissial et municipal, qui ont fait, avec l'aide de la population, pour la reconstruction de l'église et sa décoration, des sacrifices si considérables et d'aussi bon goût, devraient accéder à la prière d'un visiteur épris d'art :

Retirez donc, Messieurs, ce superbe groupe ancien du coin de cette tour où il est relégué dans un injuste abandon. Déplacez-le, mais ne le faites pas restaurer — c'était là l'opinion d'Auguste Brutails en ce qui concernait les sculptures antiques — contentez-vous d'un discret et prudent nettoyage. Faites établir, à 1 m. 50 environ de hauteur, contre le mur intérieur de la tour qui fait face à la porte d'entrée extérieure, un socle en maçonnerie dont la forme épousera celle de la base du groupe. Installez cette *Pieta* sur ce piédestal, en vue de tous les regards. Alors, dans votre église si riche en art d'époques variées, les visiteurs pourront admirer un petit chef-d'œuvre de plus.

La porte intérieure en pierre date, elle aussi, de la fin du XVe siècle ou du commencement du XVIe, ainsi que les battants en bois qu'elle encadre. Les tores, au sommet en arc brisé, reposent, comme dans la porte extérieure, sur des consoles évasées à faces polygonales. L'arc brisé est accompagné d'une arcature en anse de panier indiquant la fin de la 3e période ogivale.

Les deux battants de cette porte, classés comme Monuments Historiques — nous a appris le curé de la paroisse qui s'est fait si aimablement notre conducteur — constituent un vrai chef-d'œuvre de la sculpture sur bois de la période gothique précitée. Ces battants, qui étaient dissimulés sous de multiples couches de peinture, ont été assez récemment dégagés de cette gangue qui a eu le mérite de les protéger à travers les siècles. Ces panneaux conservent la fleur de leurs sculptures et ils apparaissent dans leur intacte et pure beauté. C'est là une œuvre d'art décoratif unique qui, de même que le porche de pierre intérieur de la cathédrale de Dax, mais à un degré de mérite moindre, constitue un des plus beaux éléments de la richesse du patrimoine landais.

Un coffre historié de la même époque, provenant de la commune voisine de St-Michel-Escalus, et travaillé peut-être par la même compagnie de sculpteurs sur bois étrangers au Marensin, est conservé dans une salle du château du Lau, près d'Aire-sur-Adour. Il est également décoré de verrières de cathédrale et peut rivaliser avec la perfection des vantaux de Lit et avec celle d'un coffre gothique du Musée de Cluny.

L'ensemble des sujets traités se rattache à la décoration qualifiée : vitrail d'église.

Le vantail de droite est composé de quatre parties superposées :

Au-dessous, quatre panneaux verticaux ornés de ces bandes en relief, à nervure médiane et à bords ondulés, dites feuilles de parchemin, et particulières à la décoration du XVe siècle.

Au-dessus, trois panneaux en feuilles de parchemin et un quatrième portant un vitrail de style flamboyant dont les meneaux sont garnis, en creux, par ces virgules adossées, aux pointes ondulées, que l'École des Chartes appelle des mouchettes ; les croisées des meneaux sont ponctuées par des fleurons en relief aux multiples folioles.

La partie superposée montre des vitraux portant à leur centre trois écussons.

La partie du haut contient trois panneaux à décoration en verrières fleuries et flamboyantes.

Les couleurs des blasons ne sont pas indiquées.

L'écusson de droite porte : en 1, une figure peu distincte qui pourrait être un aigle, et au-dessous un poisson ; en 2 et en 3, trois cœurs enflammés posés par 2 et 1 ; en 4, un lys au naturel à triple foliole.

L'écusson du centre est surmonté d'une mitre et d'une crosse et appartient par suite à un évêque, ainsi d'ailleurs que le révèlent les armes symboliques et non familiales ; il porte, en 1 et 4, trois épis de blé juxtaposés ; en 2 et en 3, trois pains ovales et fendus, superposés, et trois rectangles striés, couchés et superposés, qui pourraient représenter du blé coupé en jachère ?

L'écusson de gauche contient les trois fleurs de lys de France, ce qui prouve, en sus du style de la porte, que lors de la sculpture de ces battants, le roi d'Angleterre ne possédait plus cette région.

La partie de ce vantail contenant les trois écussons est surmontée d'un arc en accolade très saillant, aux branches ponctuées de chicorée, au sommet épanoui en fleuron ; les branches de l'arc retombent sur deux consoles où figure un ange tenant contre sa poitrine un écusson montrant un quadrupède à grosse tête, un chien, un lion ?

Sur le vantail de gauche, où se retrouvent, avec la même perfection de sculpture, les mêmes motifs en vitrail de cathédrale et en feuilles de parchemin, j'ai relevé encore trois écussons.

A droite, l'écu est divisé en deux parties verticales ; il porte, à gauche et en haut, une fleur tréflée à tige courbe, en bas et sur la ligne médiane une fleur tréflée partagée en long par la moitié ; à droite, trois des mêmes fleurs renversées par deux et un, et contre la demi-fleur de la partie gauche, de l'autre côté de la ligne médiane, une demi-fleur renversée.

Afin de me rendre plus clair, je n'ouvre pas un vocabulaire de blason pour y puiser les termes techniques.

L'écu du centre porte les fleurs de lys de France.

L'écu de gauche aux quatre quartiers, montre en 1 et en 4 la fleur précitée allongée et tréflée — la courbure de la tige, ici comme à droite, prouve qu'il s'agit bien d'une fleur et non pas d'un fer de lance à deux crochets — en 2 et en 3, une tête chevaline à queue fourchue, qui doit être un hippocampe, ce qui n'est pas surprenant daus ce pays voisin de la mer.

Et maintenant je laisse aux connaisseurs en matière de blasons le soin de déterminer les quatre que je viens de décrire, et que je suis incapable d'attribuer. La tribune de l'église est recouverte de panneaux sculptés qui reproduisent exactement les ornements de cette superbe porte de bois. Comme nous n'avons pas pu accéder à cette tribune, nous avons dû nous contenter d'un examen à la lorgnette qui nous laisse croire que ces morceaux très décoratifs sont des copies modernes.

Au-dessus de l'autel de Notre-Dame-des-Douleurs, où elle a placé une *Pieta* fignolée qu'on dirait imitée d'une Vierge de Bouguereau, la commission paroissiale de Lit a eu le geste généreux et l'inspiration artistique de faire exécuter par le peintre bordelais Roganeau, que je me plais à appeler « le petit-neveu du père Ingres, » une peinture symbolique consacrée à la mémoire des enfants de Lit morts pour la Patrie.

Une brève description dira le mérite de l'œuvre. Derrière des fils de fer éventrés, près d'un canon abandonné, dans la pénombre livide et brumeuse d'une fin de journée de bataille, quatre poilus morts sont couchés près de leur fusil. « Avec ou dessus », disait la mère spartiate, en remettant un bouclier à son fils partant pour le combat. Ceux-ci n'ont pas abandonné leurs armes.

Dans le ciel qui s'éclaire, le divin crucifié détache, d'une croix rouge comme le sang, ses bras mourants que soutiennent deux anges et les étend pour bénir et accueillir ces autres crucifiés de la terre...

Monsieur Dépruneaux, l'architecte qui a rebâti cette église, lui a donné le style de la première période gothique, et il a conservé heureusement aux fenêtres ces doubles ouvertures en arc brisé surmontées d'un oculus, que l'on retrouve si fréquemment dans la région. Le monument ancien a dû lui révéler probablement quelque reste de style du XIIIe siècle dont il se sera inspiré.

Mais, lorsque j'eus franchi la porte de pierre et ses vanteaux de bois, de style si flamboyant, me rappelant aussi le genre de décoration et de voûtes de la plupart des églises voisines, je me mis à dire tout fort, en présence du Curé de Lit et du docteur Laparade : « L'ancienne église devait dater du XVe siècle ! » De la pénombre de la tour, une voix me répondit : « Oui, l'église était du XVe siècle, » et un jeune homme se montra tout à coup près de moi. Mais il saisit un geste un peu apitoyé de mes interlocuteurs et il s'éloigna, sans plus mot dire, pour se suspendre à la corde d'une cloche, qu'il se mit à tirer avec frénésie. Et je pensai à deux frères jumeaux, que je rencontrais toute la journée, pendant mes visites, avant la guerre, dans les corridors, dans l'église et dans les sacristies de l'abbaye de Roncevaux. Ils se ressemblaient comme deux gouttes de lait ; l'un était pieux et naïf ; l'autre était fin et pieux. Je m'amusais à troubler leur foi aveugle dans l'échiquier de Charlemagne, dans les pantoufles de l'évêque Turpin ou las masses d'armes de Roland le paladin ; l'un souriait devant mes explications rectificatives qu'il ne comprenait pas ; l'autre s'attristait en les saisissant. Je les avais appelés tous les deux *los duendes*, les esprits follets, de l'abbaye de Roncevaux.

Il me semble qu'à Lit, ce soir-là, en venant d'admirer d'anciennes et récentes belles choses, j'ai rencontré aussi l'esprit follet de l'église.

X

Mixe

Cette petite chapelle rurale s'élève pittoresquement, isolée au bord d'un chemin, au milieu d'un cimetière ancien où pousse, parmi d'autres, un gros cyprès fourchu et centenaire.

L'église simple, à une nef sans bas-côtés, est traversée au sommet par de minces arcs ogives sur consoles qui ne paraissent pas anciens et ne doivent supporter que fictivement un plafond qui ne semble pas être une voûte. L'autel est orienté.

La tour carrée, placée au couchant, fut probablement fortifiée ; elle a 8 mètres de côté et ses murs ont une épaisseur de $0^{m}80$. Au Nord-Ouest et au Sud-Ouest se dressent deux contreforts obliques ; à l'extrémité opposée des faces sud et nord sont deux contreforts droits.

Un escalier de bois conduit à un premier étage percé de deux ouvertures rectangulaires n'ayant conservé aucun caractère défensif.

XI

St-Girons

Cette petite église, orientée, constitue, dans sa simplicité, une antique et curieuse construction remontant au moins à la dernière période romane.

La tour carrée, de 5 mètres de côté, a des murs d'une épaisseur de 0 m. 90. Au sommet du rez-de-chaussée, le mur présente à l'intérieur un retrait destiné à supporter le plancher du premier étage.

Les murs du Midi et du Nord, à cet étage, sont percés, chacun, d'une meurtrière évasée à l'intérieur et haute de 1 m. 30. La meurtrière du Nord est bouchée extérieurement ; celle du Midi, ouverte, conserve les mêmes dimensions que la précédente, mais étroite, en haut, de 0 m. 15, elle s'élargit, en descendant, jusqu'à 0 m. 24. Ces deux archères établissent donc que cette petite tour servait à la défense.

Au-dessus de la porte intérieure de l'église, deux linteaux de pierre sont supportés, chacun, par trois corbeaux qui ont été historiés, mais dont la sculpture a été émoussée par le temps et aussi par les couches successives de chaux. Sur l'un d'eux, on distingue une feuille d'acanthe ; sur un autre, à droite, on reconnaît fort bien, en bas, deux petites colombes et en haut deux plus grandes, perchées sur les autres.

La porte, en plein cintre, juxtapose ses trois voussures angulaires se rétrécissant en retrait. Le docteur Laparade et moi, sous les couches de chaux superposées, avons nettement distingué, sur les chapiteaux bas de la voussure médiane, qui n'ont guère que quatre travers de doigt d'épaisseur, une décoration faite d'une double rangée de demi-oves reposant sur les pointes ; les oves du chapiteau de droite ont leur pointe mise en saillie par de petits trous percés dans la pierre de chaque côté.

Il est à signaler que, à hauteur des six chapiteaux romans, dans l'abside de l'église de Magescq, un bandeau de pierre demi circulaire et horizontal est pareillement décoré d'une double rangée de demi-oves plats mais là opposés par les pointes. Le décorateur de la modeste et curieuse chapelle de St-Girons n'aurait-il pas été le même que celui de l'église de Magescq ?

L'intérieur de la nef de St-Girons, peint à la chaux, a été discrètement entretenu, et ne jure point par sa voûte en plein cintre, probablement plâtrée sur lattis, avec le style roman originaire. Au Nord, séparé par de gros piliers cubiques, est accolé un petit bas-côté, également voûté en plein cintre, et sur lattage plâtré sans doute.

L'abside en cul-de-four a une longueur de 6 m. et une épaisseur de près de 1 m. La nef, longue de 16 m. et large de 7 m., a des murs d'une épaisseur de 0 m. 90. Les fenêtres, sans décoration et sans colonnettes, en plein cintre et assez basses, doivent avoir sensiblement conservé les dimensions et la forme des petites ouvertures romanes primitives.

A l'extérieur, la chapelle rectangulaire se raccorde à l'abside demi-circulaire et plus étroite par deux murs obliques.

Le cul-de-four de l'abside prend un faux air polygonal par suite des contreforts semblablement espacés qui le divisent.

Ici s'imposent d'autres rapprochements entre l'église romane de St-Girons et l'église romane de Magescq.

La tour carrée de St-Girons, qui pourrait remonter avec ses deux archères au XIIIe siècle, est comme celle de Magescq, mais à un degré moindre, postérieure à l'église. Il se pourrait, ici, que les deux linteaux de pierre sur corbeaux, subsistant au-dessus de la porte intérieure et sur les deux côtés, aient supporté une défense primitive en hourdage antérieure à la construction du clocher ?

Si, à Magescq, au-dessus de l'abside romane, a été postérieurement bâti le réduit fortifié aux grands créneaux et aux énormes merlons, qui n'aurait pu trouver place sur un clocher encore inexistant, au-dessus de l'abside de St-Girons se retrouve aussi, non plus un donjon mais un modeste poste double de guet, caractérisé par deux meurtrières percées des deux côtés du contrefort médian ; elles mesurent chacune à peu près 0 m. 12 de largeur sur une hauteur de 0 m. 70.

La Saubetat de St-Girons.

A la sortie de St-Girons, sur la route de Linxe, à main gauche et à moins de 100 m. de la route, se dresse en plein champ une colonne blanche qui attire l'attention du passant. C'est la seule subsistante des 4 ou 5 colonnes qui enfermaient, dans un espace mesurant environ 200 mètres de côté, un champ d'asile remontant au Moyen-Age et qui a conservé son vieux nom gascon de *Saubetat*, sécurité. Une autre *Saubetat* se dressait, dans le pays de Born, à Mimizan.

L'unique colonne, qui subsiste à St-Girons, mesure comme diamètre à la base $0^{m}80$ pour se réduire au sommet à $0^{m}60$; elle n'a conservé ni style ni caractère curieux. Le distingué magistrat parisien, M. Pradet-Balade, à qui appartient le champ où se dresse ce petit monument contemporain d'un lointain passé, a le bon goût de veiller périodiquement à son entretien.

XII

Linxe

L'église de Linxe, malgré son état de conservation intégrale et ses heureuses restaurations récentes, produit l'effet d'un beau corps antique à la tête brisée : le clocher manque.

Ce clocher a existé : j'en ai eu la preuve par les dires de M. Cassaigne, puisatier, ayant dépassé la soixantaine et qui se rappelle, âgé de 4 ou 5 ans, avoir entendu la détonation des explosifs qui firent sauter la tour. M. Labeyrie, maître-charpentier, âgé de 75 ans, a travaillé, toute sa vie, dans l'église ; il avait 16 ou 17 ans lors de la démolition du clocher. Il se rappelle que la tour carrée, aux murs épais, mesurant environ 8 mètres de côté était flanquée par une tour ronde, contenant un escalier en pierre et qui fut démolie la première. Les murs de cette tour présentaient des ouvertures étroites au dehors et s'élargissaient à l'intérieur ; c'étaient là évidemment des meurtrières. Avec sa tourelle ronde, le clocher de Linxe devait ressembler à celui de Lit, lui aussi fortifié.

Cette tour carrée présentait, paraît-il, une fissure occasionnée par la foudre. On crut devoir la démolir et on négligea de la reconstruire. M. l'abbé Dutinet, curé de Linxe, en 1868, lors de la démolition, dut probablement s'y opposer en vain, puisqu'il a écrit dans une note conservée dans les archives paroissiales : « le clocher menaçait si peu ruine qu'il fallut 10 kilos de dynamite pour le renverser ! »

Le caractère défensif de l'ancienne tour de l'église est confirmé par le haut des murs de la nef et de l'abside qui montrent, au Sud et à l'Est, une couronne continue de créneaux ; ces ouvertures carrées ont été soulignées malheureusement par des bandes blanches, lors de restaurations récentes ; mais au-dessus de l'abside les créneaux se succèdent dans leur austère état primitif.

Au sommet du mur ancien de la sacristie apparaît, au dehors, une ouverture bouchée, haute de 1 m. et large de 0 m. 18 ; c'était probablement une meurtrière.

L'église, à l'intérieur, est fort intéressante. Le bas-côté du Nord, sans aucun doute, est postérieur à la nef ; il a dû probablement être bâti dans cette période de calme et de pré-renaissance qui se manifesta pendant les règnes de Charles VIII et de Louis XII : les colonnes de gauche, en forme de troncs, renvoient, comme une divergence de branches d'arbres, des nervures partant, sans chapiteaux, de points différents des fûts.

La nef elle même indique qu'elle a été revoûtée à la même époque, à la fin de la troisième période gothique : la preuve en résulte de la présence d'une lierne, cet arc épousant la ligne brisée du sommet de la voûte ; comme justification de cette opinion les larges arcs doubleaux reposent sur des chapiteaux bas et larges ne présentant aucune décoration.

J'ai constaté ces mêmes dispositions, dans les églises de Vic-Bigorre et de St-Jean, de Tarbes, qui datent comme formes de voûtes de la fin de la troisième période gothique.

Mais, au fond de l'abside de Linxe, une fenêtre lancette, haute de près de trois mètres et large de 0 m. 40, tranche sur les autres fenêtres doubles surmontées d'un oculus, et rappelle le commencement de la première période de l'époque gothique.

Assez récemment le maître-charpentier M. Labeyrie a travaillé à supprimer une autre fenêtre-lancette de même forme qui se trouvait à droite de l'église en entrant et qui a été remplacée par une de ces doubles fenêtres à arc brisé et a oculus, reproduisant celles déjà en place.

On peut donc faire remonter la nef et le chœur de l'église de Linxe au commencement de l'époque ogivale.

L'église vient d'être décorée récemment par M. Leduc, l'artiste bordelais, qui a fait preuve de son goût de peintre religieux non seulement ici, mais à Mézos, et encore sur d'autres points des Landes.

Le corps de cet édifice qui a été restauré si heureusement devrait être complété par une tête à y ajouter : un clocher.

M. le curé et son conseil paroissial qui ont si largement, avec l'aide des habitants, remis en très bel état leur église, permettront à un Landais épris d'art de leur soumettre son opinion modeste :

Richesse oblige, me semble-t-il. Or Linxe passe pour grouper les plus importantes fortunes landaises. Certes M. le curé, avec son urbanité parfaite, ne rappelle pas ce poilu au cœur ardent mais aux allures hirsutes : « Mon curé chez les Riches », chez les Nouveaux Riches. Ceux de Linxe sont, eux, d'anciens riches, et leur curé doit avoir sur eux une influence très justifiée.

Certes je ne vous demande pas, Messieurs, de rebâtir une tour fortifiée ; les vieilles choses ne se reconstituent pas, elles se conservent. Je reconnais — si je regrette l'ancien — que le clocher gothique de St-Julien est, quoique neuf, une jolie construction. Allons, Messieurs de Linxe, dotez votre belle église ancienne d'un beau clocher nouveau !

XIII

Lesgor

L'église de Lesgor est une forteresse intégrale, une véritable bastille munie par les

Anglais, pendant la guerre de Cent Ans, des divers moyens de défense employés pendant le XIVe et le XVe siècle ; elle réunit l'ensemble de fortifications du Moyen Age le plus complet qui se retrouve dans les Landes et probablement dans tout le Sud-Ouest de la France.

La tour carrée, sise à l'ouest, mesure 8 mètres de côté sur une douzaine de mètres de hauteur ; elle est bâtie, sur deux tiers de la hauteur, avec un grand appareil de pierre coquillière rougeâtre, mesurant 33 centimètres sur 50 et provenant des carrières voisines de Carcarès. Quatre contreforts, à triple retrait et à larmiers, étayent ce clocher-bastion, au Sud et à l'Ouest ; au Sud et au Nord, deux contreforts à larmiers s'élèvent d'une venue.

Sur le côté sud une large porte ogivale, encore en usage, fut percée vers le XVe siècle ; l'entrée était protégée des deux côtés, à la hauteur d'un premier étage aujourd'hui disparu, par deux meurtrières simples, hautes de 0 m. 60, larges de 0 m. 10, et largement évasées intérieurement. Le tiers de la tour en hauteur n'est plus bâti en appareil régulier, mais en pierres rougeâtres très irrégulières et à grain plus fin. Dans cette construction, moins ancienne que celle de la base, sont enchassés, à la hauteur du deuxième étage, au-dessus de la porte et de chaque côté, trois claveaux énormes, s'élevant en encorbellementet et avant dû soutenir une bretèche très en saillie. Ces grands corbeaux, montant en avancée, sont tout à fait caractéristiques des dispositions des machicoulis de la fin du XIVe siècle. La base de la tour, bâtie en même grand appareil coquillier que la nef, et que l'abside qui porte une décoration extérieure romane, peut remonter au XIIe siècle ou au XIIIe.

A l'ouest du clocher, une haute fenêtre-meurtrière bouchée mesure 1 m. 50 sur 0 m. 15 ; au-dessus une ouverture carrée sans intérêt.

Une massive porte gothique, du commencement du XIIIe siècle, apparait murée sur le côté nord de la tour ; le claveau du sommet de l'arc brisé est d'un seul morceau ; l'appareil des montants, disposés en travers et en parpaing, mesure, à peu près régulièrement, 0 m. 33 sur 0 m. 50. L'ossature puissante de cette porte rappelle absolument certaines portes à arc brisé que l'on voit dans les anciennes constructions du pays basque français et espagnol.

Sur cette face, dans la partie de la muraille refaite au XIVe siècle, se voient, au centre, une ouverture rectangulaire, et en haut et à gauche une autre fenêtre de même forme.

La nef, extérieurement, montre, au Sud, près des traces de quatre fenêtres-meurtrières bouchées mesurant 1 m. 50 sur 0 m. 20, de petites ouvertures récentes sans caractère ; sur ce même côté, près de l'abside, fut établie, à la fin du XVe siècle, après la terminaison de la grande guerre, une double fenêtre de style flamboyant dont les deux sommets et l'oculus s'effilent et ondulent en larmes contournées.

Au Sud et au Nord, les combles étaient protégés par huit meurtrières de formes et de dimensions différentes, percées par quatre sur chacune des faces et que nous allons étudier sur place.

L'abside romane, en cul de four, présente comme unique décoration une rangée continue de corbeaux à peu près intacts, figurant des têtes barbues, qu'il serait intéressant d'étudier, de près, une par une. Vers la fin du XIVe siècle probablement, les reins du cul de four furent chargés par un vrai bastion semi-circulaire, percé de 4 larges créneaux, qui rappelle absolument le réduit fortifié, établi, sans doute à la même époque, au-dessus de l'abside de Magescq.

Au sommet de l'abside apparaît une petite meurtrière, vue de guetteur, mesurant 0m35 sur 0m10.

Pour éclairer l'église, un peu obscure, des ouvriers imprudents eurent la malencontreuse idée de percer deux petites ouvertures dans le mur arrondi du chœur. A cause de ce manque d'équilibre, sous la pression de la lourde fortification supérieure, dans l'axe des deux fenêtres nouvelles, les pierres coquillières légères et poreuses se sont fendues en une longue et large lézarde.

La nef et le chœur, à l'intérieur, ne présentent rien absolument d'intéressant à l'exception, à l'entrée, d'un bénitier du XVe siècle aux faces polygonales.

Mais le plus grand intérêt de l'église de Lesgor, en sus de la tour, réside dans les meurtrières des combles et dans le bastion qui surmonte le chœur.

La voûte ne se compose aujourd'hui que d'un lattis recouvert de plâtre et il faut marcher avec prudence sur des poutres de chêne parallèles espacées de o m. 80 environ. Sur le côté nord, en allant de l'Ouest vers l'Est, on distingue :

1° Une meurtrière en croix, à la base légèrement arrondie plutôt pour le placement de la flèche que du mousquet ; la hauteur est de o m. 65 sur o m. 05 ; les deux bras de la croix ont o m. 15 d'extension ; l'embrasure mesure o m. 75 de hauteur sur o m. 50 : c'est là le type de l'archère anglaise du XIVe siècle pour le tir à la volée et le tir de but en blanc.

2° Une meurtrière, unique sans doute par ses dispositions dans les Landes et probablement dans le Sud-Ouest, avec ses quatre ouvertures superposées : au-dessous un trou rond pour le mousquet, d'un diamètre de o m. 06 ; au-dessus une fente verticale de o m. 15 sur o m. 04 pour viser ; plus haut, une deuxième fente horizontale de o m. 11 sur o m. 06 ; enfin, au sommet, une dernière fente verticale de o m. 25 sur o m. 04 ; il semble que les deux trous du bas devaient servir au tir au mousquet et les deux d'en haut au tir à l'arc ?

3° L'archère, caractéristique disposée en croix pour le tir à la volée et contre le but ; elle est haute de o m. 65 sur o m. 07 ; les bras de la croix ont o m. 20 d'extension ; l'embrasure mesure o m. 80 sur o m. 80 ; le sommet de la croix est patté en croix de Malte pour faciliter le mouvement latéral de la flèche ; c'est là un perfectionnement de l'archère.

4° La dernière meurtrière, droite, a o m. 50 sur o m. 08, avec une embrasure de o m. 60.

En suivant le côté sud, de l'Est vers l'Ouest, on relève :

1° Une première meurtrière en croix, haute de o m. 50, large de o m. 08 ; les bras ont une extension de o m. 16 ; l'évasement est de o m. 80 sur o m. 50 ;

2° Cette deuxième meurtrière, toujours en croix, a o m. 60 sur o m. 05 ; les deux bras, pattés en croix de Malte, mesurent o m. 16 d'extension ;

3° La troisième, en fente verticale, est haute de o m. 45 et large de o m. 05 ;

4° Enfin la quatrième meurtrière, oblique et verticale, mesurant o m. 60 sur o m. 06, a pour caractéristique de déboucher au dehors dans l'angle du mur et d'un contrefort, ce qui la rendait invisible de l'extérieur ; l'embrasure est large à gauche de 1 m. 20 et à droite de o m. 60.

Au-dessus de l'abside court un chemin de ronde demi-circulaire bordé d'un mur plein à hauteur d'appui, percé de quatre grands créneaux, exhaussant, à l'intérieur, la bordure de la calotte maçonnée de l'abside. Ce réduit fortifié rappelle par toutes ces dispositions celui de Magescq. Il doit être postérieur à l'établissement des archères en croix pour tir à l'arc et dater de la fin du XIVe siècle et du milieu de la guerre de Cent Ans. Ce réduit, ainsi qu'à Magescq, devait être primitivement à ciel ouvert; son système de charpente, ancien, est différent de celui des combles de la nef, plus ancien encore, et composé semblablement de vieilles poutres de chêne qui sûrement n'ont pas été remplacées depuis l'origine. Dans la nef, disposition curieuse, les poinçons verticaux portent sur de doubles entraits séparés et horizontaux maintenus par la retombée des branches des arbalétriers. Au-dessus de l'abside le poinçon porte sur un entrait unique et l'ensemble est moins bien équilibré.

A mon avis, cette église de Lesgor devrait être l'objet de réfections et de modifications judicieuses. Il y aurait lieu de boucher non seulement les petites fenêtres de l'abside qui ont provoqué chacune de menaçantes lézardes, mais encore les autres baies récentes de la nef. On pourrait, en échange, réouvrir les curieuses fenêtres-meurtrières bouchées, hautes de 1 m. 50 et larges de 0 m. 20. Le peu de lumière qu'elles donneraient serait suffisamment complété par une grande baie de style flamboyant, qu'on pourrait établir dans le mur nord, en regard de la double fenêtre aux sommets et à l'oculus tordus en flammes ondulées ; le modèle ancien serait facile à copier dans l'ornementation de cette deuxième baie double à établir en regard de la première.

La municipalité de Lesgor, composée de modestes cultivateurs, serait très désireuse de donner satisfaction à son dévoué curé (que je remercie ici de ses explications orales et écrites) et à la population entière par une restauration de l'église. Mais ils ont eu jusqu'ici l'habitude de s'adresser à d'excellents artisans cantonaux, habiles dans la taille de monuments funéraires, mais inexperts dans les lois de la construction et dans la connaissance des styles anciens.

Le classement de l'église entière de Lesgor s'impose ; si la Commission des Monuments Historiques veut bien envoyer sur les lieux un de ses Inspecteurs, c'est à l'unanimité qu'elle se prononcera, sur le rapport établi dans le sens que je sollicite. Après ce classement, les Beaux-Arts n'auront qu'à faire surveiller, d'après les plans de leurs architectes, une restauration urgente dont une commune assez riche assumera la modique dépense.

XIV

Tarnos

L'église de Tarnos fut jadis fortifiée,

mais des restaurations successives ont fait presque entièrement disparaître les vestiges des défenses anciennes.

La tour carrée du clocher, qui mesure 8 mètres sur 6, ne présente au 1er et au 2e étage que des ouvertures rectangulaires sans caractère. Les planchers sont soutenus par des corbeaux de pierre énormes ; ces corbeaux, au sommet du 2e étage, laissent supposer que la tour était surmontée par des machicoulis ou un hourdage.

Au sud de ce clocher, une tourelle, qui n'est plus praticable et qui n'a conservé que ses murs creux comme un puits, laisse voir une petite meurtrière haute de o m. 50 sur o m. 15 de largeur.

Si la nef, à l'extérieur, n'offre pas d'intérêt, l'abside, soutenue par d'affreux contreforts modernes, montre, entre deux autres contre-forts hauts et plats, une meurtrière longue de 1 m. et large de o m. 15.

Entre ces deux contreforts anciens le mur de la base du chœur monte en s'amincissant en triple retrait fort étrange.

La nef et les bas-côtés voûtés en lattis et en plâtre ne présentent rien d'intéressant ; seule la chapelle de St-Joseph, soutenue par des arcs ogives retombant sur des consoles et, par pénétration, sur des piliers, révèle le style de la fin du XVe siècle.

A l'entrée du chœur s'élève un arc, à peine brisé, qui pourrait remonter à la fin de la dernière période romane ? A l'entrée de la nef et sous le porche, deux bénitiers de pierre, aux faces polygonales encerclées d'anneaux et de rebords saillants, rappellent la dernière période gothique.

XV

St-Jean-de-Marsacq

Mes premiers mots, ici, seront consacrés à remercier mon ami M. l'abbé Darricau, curé de St-Jean-de-Marsacq qui, comme l'a fait pour le Born et le Marensin M. le docteur Laparade, a bien voulu me faciliter la visite des églises de Tarnos, de St-Jean-de-Marsacq, de St-Martin-de-Hinx, de Biarrotte et de St-Geours-de-Maremne.

L'église de St-Jean est une des plus curieuses églises fortifiées landaises, car, en sus de défenses plus anciennes, elle a été aménagée, probablement au XVIe siècle, pour l'artillerie.

La tour, très puissante, n'a conservé qu'en partie son ancienne hauteur ; ses côtés mesurent une quinzaine de mètres et l'épaisseur des murs dépasse un mètre.

Elle doit dater du XIIIe siècle.

Quatre contreforts larges de 2 mètres et profonds de 4 mètres contribuent à donner à cette masse un aspect robuste et massif.

Sur la face sud s'ouvre une porte voûtée en anse de panier surbaissée du commencement du XVIe siècle. En haut, à droite, une fenêtre-meurtrière de 1 m. 80 de hauteur sur 0 m. 18 de largeur. A gauche de la porte, près du sol, s'ouvre une embrasure pour couleuvrine ; évasée de 1 m. 30, elle a 0 m. 46 de hauteur ; le trou carré mesure environ 0 m. 20 de côté.

La face ouest de la tour montre, près des extrémités latérales, deux embrasures pour artillerie toujours rapprochées de terre ; celle de droite oblique vers la gauche ; l'autre oblique du côté opposé ; autour du trou carré de 0 m. 20 de hauteur les évasements se développent, larges de 1 m. 70 et hauts de 0 m. 40.

Dans la muraille, au-dessus d'une ouverture récemment percée se voit encore une fenêtre-meurtrière, semblable à la précédente et mesurant 1 m. 80 sur 0 m. 20.

Sur la face nord de la tour est un portail Renaissance de la fin du XVIe siècle ou du commencement du XVIIe; St-Jean, le patron de l'ordre des Hospitaliers et de la paroisse, se dresse noblement, la droite bénissante, dans une niche supérieure.

Au-dessus du larmier horizontal qui surmonte, à l'extérieur, le 1er étage, sont enchassés dans la muraille trois énormes corbeaux à crochets, en pierre, espacés de 1 m. 50 et de 1 m. 80 ; on ne saurait les expliquer que comme supports d'une poutre qui devait soutenir un hourdage en bois ou une large bretèche défendant l'accès d'une porte antérieure à l'actuelle.

A gauche de cette grande porte décorée de la face nord de la tour, s'élève une tourelle-escalier du style du XVe siècle ; cette tourelle octogonale, à quatre côtés apparents, s'adosse contre un contrefort et l'utilise comme support au sommet ; elle est percée de quatre petites meurtrières mesurant o m. 50 sur o m. 10.

L'extérieur de la nef, du côté nord, montre des fenêtres rectangulaires hautes et étroites, et au-dessus quatre meurtrières semblables à celles de la tourelle. Du côté sud, je n'ai relevé que deux meurtrières semblables, dans la partie voisine du chœur.

L'abside polygonale à cinq côtés, étayée par des contreforts à larmiers, montre des fenêtres rectangulaires hautes de 2 mètres sur o m. 50, mais ne porte pas de traces de meurtrières.

L'escalier à vis de la tourelle est toujours praticable.

La grosse tour carrée est aménagée à l'intérieur pour la défense, au rez-de-chaussée percé par les deux fenêtres-meurtrières et par les trois embrasures pour canons, et à l'étage supérieur, où se remarquent, au Nord, deux ouvertures murées, accolées, hautes de 1 mètre et larges de o m. 40, qui devaient servir à la bretèche ou au hourdage révélés par les trois corbeaux de pierre à crochets extérieurs.

Le côté du Sud montre, ainsi que nous les retrouverons dans le clocher fortifié de St-Geours-de-Maremne, trois grands retraits creusés dans la maçonnerie et qui devaient servir de sièges à la garnison ; le côté de l'Ouest et celui du Nord portent traces de semblables évidements. Cette tour, dont la muraille s'élève en pignon, au Levant, pour contenir les cloches, a été découronnée d'un étage qui devait être surmonté de créneaux ou de machicoulis ?

A l'intérieur, la nef s'ouvre sur le rez-de-chaussée de la tour avec un arc puissant reposant sur un large chapiteau à biseau, qui s'appuie sur un pilastre rectangulaire. La voûte de l'église est moderne et faite en panneaux de bois vernis, à joints angulaires. L'arc, à peine brisé, qui donne dans le chœur, pourrait remonter, comme le précédent, au début du XIIIe siècle. L'abside semble avoir été voûtée à l'époque de la construction de la tourelle, au XVe siècle, comme le révèlent des bases polygonales et des nervures, sans chapiteaux, retombant sur consoles ou, par pénétrations, dans les colonnes.

Derrière l'autel s'ouvre un renfoncement rectangulaire surmonté, dans un couronnement en forme de triangle, par trois trèfles aux lobes flamboyants.

Il me semble que, dans cette église fortifiée, à diverses époques, on pourrait attribuer :

Au XIIIe siècle la tour massive.

Au XIVe siècle, les deux grandes fenêtres-meurtrières des faces sud et ouest de la tour et les grands corbeaux d'une bretèche ou d'un hourdage disparus ?

Au XVe siècle les meurtrières basses et étroites d'une face de la tourelle et des sommets des murs nord et sud de la nef.

Au XVIe siècle les trois embrasures pour canons ou couleuvrines des bases sud et ouest de la tour-clocher.

Avec son judicieux et unique aménagement pour l'artillerie, l'église de St-Jean-de-Marsacq présente un des types de fortifications les plus curieux et les plus rares des Landes et du Sud-Ouest.

XVI

St-Martin-de-Hinx

Ce nom de Hinx, *finibus*, qui se retrouve dans les Landes, et sous la forme Hiis, dans la Bigorre, s'explique par le fait que St-Martin était à la limite du pays de Gosse.

J'ai visité avec M. l'abbé Darricau cette intéressante église, en compagnie de M. l'abbé Maysonnave, son curé, qui veille avec un soin si pieux à son parfait entretien.

A l'extérieur, à gauche de la porte d'entrée qui se trouve dans le mur sud de la tour-clocher, on remarque la cuve d'un sarcophage en pierre qui, avec la place aménagée pour la tête, remonte au haut Moyen-Age. A côté, deux clefs de l'ancienne voûte en pierre : l'une presque fruste, mesurant o m. 50 sur o m. 50, laisse deviner les 3 fleurs de lys de France ; l'autre, des plus curieuses et en parfait état de conservation, s'apparente avec la typique décoration basque en forme d'étoile : Au centre, en creux, l'étoile classique a six branches ovales ; entre ces branches, ressort en relief, une autre étoile aux six bras terminés par les évasements des croix de Malte ; en bordure intérieure du cercle se succèdent en creux six ovales tout à fait dans le style des rosaces basques. Ce type de décoration mériterait d'être photographié ou dessiné et publié ensuite.

La porte, de l'extrême fin de la 3e période gothique, est voûtée en anse de panier et surmontée d'une double accolade ornée de trèfles flamboyants et surmontée d'un fleuron épanoui.

La tour, construite comme l'ensemble de l'église, en pierre sablonneuse prise sur place, a été évidemment découronnée.

Aux angles sud-ouest et nord-ouest, quatre contreforts, de 1 m. 70 à 2 mètres d'épaisseur, s'élèvent rapprochés deux à deux, en angles droits.

Sur chacune des faces sud, nord et ouest de la tour est percée une fenêtre-meurtrière mesurant 2 mètres de hauteur sur une largeur de o m. 20 ; elles rappellent absolument celles de Magescq, de Lesperon, et de St-Jean-de-Marsacq.

Sur le côté du Nord est percée une porte plus petite que la précédente, voûtée également en anse de panier.

Une tourelle d'escalier ronde est surmontée par une petite construction polygonale en retrait ; les murs de la base sont percés par trois meurtrières superposées mesurant un mètre de hauteur sur o m. 10 de largeur.

Les murs de la nef présentent, chacun, au Nord et au Sud, deux fenêtres-meurtrières hautes de près de 3 mètres, larges de o m. 20 et bouchées sur un tiers de leur hauteur.

Le mur nord de la nef est étayé par un vigoureux arc-boutant bâti en pierres polygonales, percé d'une large et haute ouverture à l'arc surbaissé et surmonté par un triple ressaut en forme de marches d'escalier ; cette construction, peut-être postérieure, semble révéler le XVIIe siècle ?

Les murs du chœur à cinq faces, soutenus par des contreforts à larmiers, ne présentent pas traces de fortifications et sont percés par trois hautes fenêtres géminées à oculus, du style rayonnant du XIVe siècle.

A l'intérieur, le porche est voûté par deux arcs ogives contemporains, semble-t-il, de la porte extérieure ; les consoles de la retombée des arcs figurent un lion ailé ; une gueule d'animal tenant une proie ; une tête imberbe.

La porte de la nef, de style gothique du XIIIe siècle, est formée par des colonnettes juxtaposées en boudin, reposant sur des bases rondes et surmontées de chapiteaux détériorés à crochets et à revêtement de feuilles.

Dans l'intérieur de l'église, depuis l'écroulement des voûtes de pierre, voûtée en plâtre sur lattis, des groupes de colonnes rondes reposant sur des bases aux tores écrasés et surmontés de chapiteaux couronnés de feuillages simples, évoquent, comme la porte d'entrée, le XIIIe siècle.

L'abside est très éclairée par des hautes fenêtres géminées de style rayonnant, où se détachent d'heureuses verrières à petits personnages évidemment modernes.

Les minces faisceaux de colonnettes du chœur paraissent bien, eux aussi, se rattacher, avec leurs lignes grèles et la floraison de leurs petits chapiteaux, à la seconde période de l'époque gothique.

Dans le fond du chœur, derrière l'autel, s'ouvrent dans la muraille quatre crédences aux sommets trilobés de style flamboyant.

Sur un autel de la nef se dresse une vierge, qui a dû postérieurement être dorée, mais dont la pureté simple évoque l'art du Moyen-Age.

Dans la sacristie, on peut jeter un coup d'œil sur un plat en dinanderie représentant, dans une bordure de lettres effacées, un cerf galopant, et sur une croix processionnelle, qui parait être un original du XVIIIe siècle d'un modèle répandu à profusion en copies modernes.

XVII

Biarrotte

La petite église de Biarrotte rappelle un peu celle de St-Girons et elle remonte, elle aussi, à la fin du XIIe siècle.

Le clocher carré, qui a été réduit comme hauteur, renferme les cloches dans son mur du Levant en forme de pignon. Une tourelle ronde contenant un escalier de pierre à vis, est percée de meurtrières caractéristiques mesurant o m. 60 sur o m. 15.

A l'extérieur de la nef et de l'abside, des baies rectangulaires hautes de 1 m. 50 sur o m. 20 de largeur doivent de même avoir servi à la défense.

Sous le porche, des corbeaux peuvent avoir supporté une bretèche ou un hourdage en saillie ?

La porte de l'église en plein cintre et à tores juxtaposés est de style roman.

L'intérieur de la nef, au plafond de plâtre, ne montre rien d'intéressant.

En revanche, l'abside est assez curieuse. Les fenêtres qui, au-dehors, paraissent rectangulaires, ont les angles du sommet garnis par des boudins de pierre montant en encorbellement : genre de décoration très rare et très original.

De hauts chapiteaux romans, à feuilles épaisses superposées et à doubles caulicoles, révèlent, par leurs crochets d'angles s'épanouissant en fruits, l'approche de la première période gothique.

Au fond, quatre crédences et une porte romane voûtée en tores montrent, tour à tour, comme décorations, en bordure, des besants et des étoiles creuses de style roman.

XVIII

St-Geours-de-Maremne

La tour de l'église de St-Geours est la plus haute et la mieux conservée, comme bastion de défense, qui existe, à ma connaissance dans les Landes ; elle comprend en effet trois étages au-dessus du rez-de-chaussée. Malheureusement, comme le clocher fortifié de Lesperon, elle a été assez récemment enduite de ciment simulant des pierres de taille ; cette application, écaillée, fendue ou tombée sous l'action de la gelée, est d'un effet facheux. Si l'appareil est trop irrégulier pour rester en vue, un crépissage de nuance sombre vaudrait infiniment mieux que ces fausses pierres si friables. Les angles sud-ouest et nord-ouest sont protégés par des contreforts obliques ; au Nord et au Midi, près de la nef, sont appliqués deux autres contreforts.

La face sud, à la hauteur du premier étage, montre une ouverture rectangulaire, haute de 1 m. 50 et large de 0 m. 25, qui a dû servir à la défense.

Au rez-de-chaussée, le mur ouest est percé, à ses deux extrémités, par deux meurtrière à mousquet conservant un trou rond de o m. 06 de diamètre et une fente de même largeur, haute de o m. 90.

Sur la face nord, à droite, se trouve, assez près du sol, une troisième meurtrière à mousquet semblable aux deux précédentes. A hauteur du premier étage se voit la fenêtre-meurtrière, haute de 2 mètres et large de o m. 15, que nous avons déjà rencontrée dans plusieurs églises fortifiées landaises.

La tourelle d'escalier, à vis en pierre, qui s'élève à gauche de la face sud de la grande tour, est percée d'une meurtrière à mousquet, barrant l'accès de la grande porte d'entrée, ayant un diamètre de o m. 12 et surmontée d'une fente de o m. 45 de hauteur. Cette tourelle montre encore d'autres ouvertures étroites qui ont dû servir à la défense ; j'y ai relevé, tour à tour : deux ouvertures rondes d'un diamètre de o m. 20 et trois meurtrières, l'une de o m. 30 sur o m. 12 ; l'autre de o m. 30 sur o m. 15 ; la troisième de o m. 50 sur o m. 10.

La nef et ses bas côtés sont de construction toute récente.

A l'extérieur, l'abside ancienne montre au sommet des ouvertures rectangulaires qui ont dû servir de créneaux, et cinq meurtrières-fenêtres de 1 m. 50 sur o m. 15.

A l'intérieur, au rez-de-chaussée, la grande tour laisse voir les embrasures de ses meurtrière à mousquet. Si le premier étage montre l'évasement de la meurtrière rectangulaire du Midi, le deuxième et le troisième étage sont éclairés par des ouvertures grandes et sans caractère ; ils présentent, ainsi qu'à St-Jean-de Marsacq, creusés dans le mur ou disposés à côté des fenêtres, les sièges de pierre sur lesquels pouvait se reposer la garnison.

Le rez-de-chaussée de la tour semble avoir été voûté au XVe siècle ; mais c'est au XIIIe siècle qu'on pourrait attribuer l'arc brisé qui s'ouvre sur la nef dans le mur est du clocher.

Cette nef, neuve comme ses bas-côtés, est voûtée en ogives surbaissées, mais ses arcs doubleaux sont en plein-cintre, et celui qui se rapproche des deux arcs brisés du chœur voisine, à mon avis, peu heureusement avec eux, à cause de son sommet arrondi.

Cette abside ancienne me paraît se rattacher à la fin du style de transition avec ses deux arcs légèrement brisés qui annoncent la première période du style gothique et avec ses hauts chapiteaux à feuillages recourbés en crochets aux angles et ses plantes épaisses étalées contre la corbeille.

XIX

Arjuzanx

Je remercierai tout d'abord M. le curé Goeytes, M. l'instituteur Bisquey et M. et Mme Mesplède, des renseignements écrits et oraux qu'ils ont bien voulu me fournir pour éclairer ma visite de la curieuse église fortifiée d'Arjuzanx.

Si la nef et l'abside, restaurées à diverses époques, ne montrent plus de traces de fortifications, les marques certaines abondent dans la tour-clocher.

Cette tour carrée, qui mesure sensiblement 10 mètres de côté, montre, aux deux extrémités de la face est, deux contreforts droits et deux autres aux extrémités de la face nord.

A l'intérieur, le mur du Sud, où s'ouvre une porte sans caractère, est percé, à gauche, au haut du rez-de-chaussée, par une meurtrière rectangulaire haute de 0 m. 60 sur 0 m. 10. A hauteur du premier étage, au-dessus de la porte et des deux côtés, s'ouvrent deux meurtrières pour mousquet hautes de 0 m. 40 sur 0 m. 10 de largeur ; l'ouverture arrondie, mesurant 0 m. 12 de diamètre, est continuée sans interruption par la fente de la mire.

Au-dessus de la porte, les traces de deux corbeaux brisés indiquent qu'une bretèche devait jadis défendre l'accès de l'entrée primitive.

Sur chacune des faces ouest et nord de la tour, disposées également à hauteur du rez-de-chaussée et du premier étage, en bas deux meurtrières droites et en haut deux ouvertures pour mousquet absolument semblables à celles que je viens de signaler.

Sur les murs extérieurs de la nef, un transept à peine accusé fait saillie de 1 m. 50 seulement. La Nef, élevée et arrondie, est butée par quatre contreforts à deux retraits et à larmiers peu saillants.

Les fenêtres ogivales sont modernes.

A l'intérieur de la tour, la porte de la nef, avec ses tores juxtaposés reposant sur des bases arrondies, son sommet en arc brisé et ses chapiteaux simples à crochets très mutilés, évoque la fin du style de transition ou le commencement de la première période gothique.

Dans la nef, le mur plein opposé au chœur est occupé, en entier, par une copie honorable, mais aux lignes un peu rudes, aux personnages démesurés et aux couleurs poussées au noir, de la Descente de Croix de Rubens, qui fait l'orgueil de la Cathédrale d'Anvers.

La chaire montre un St-Jean-Baptiste émacié et une Assomption largement sculptée qui sont deux morceaux vigoureux de la fin de la Renaissance.

Dans la Nef, la voûte réelle ou simulée, dans le style du XVe siècle, fait retomber ses arcs ogives sur des consoles ; de même les deux arcs brisés de l'abside reposent sur des consoles historiées. Mais dans cette abside quatre chapiteaux, inutilisés mais heureusement enchassés dans la muraille avec leur décoration romane barbare, constituent des rébus curieux difficiles à déchiffrer :

Le premier semble présenter sur le tailloir une Eve nue et couchée qu'un ange chasse avec son épée du Paradis Terrestre.

Le deuxième, au tailloir revêtu de palmettes, a sa corbeille tapissée de deux étages de feuilles grasses stylisées.

Le troisième, toujours décoré de palmettes en haut, montre au-dessous trois personnages dont l'un est recouvert d'un capuchon baissé.

Sur le quatrième chapiteau un homme renversé tient un lion par la queue ; au bas trois personnages voisinent avec un ours.

En face de l'église fortifiée d'Arjuzanx, à 400 mètres de distance, de l'autre côté de la petite rivière du Bès, se dresse une petite tour carrée qui parait complète, et qui, parmi ses ouvertures dénaturéee, conserve une baie voutée en plein cintre. Cette tour du Moyen Age s'associe à l'église avec son ensemble de défenses, dans une enceinte de fossés où coule encore un filet d'eau, près d'une motte ou tuc — d'une origine peut-être proto-historique — qui domine, à pic, la rivière à l'extrémité écrétée d'un côteau.

XX

Sarbazan

En 1902, 1903 et 1904 MM. Dufourcet, Taillebois et Camiade, fondateurs avec M. du Boucher de la Société de Borda, publiaient dans son Bulletin une œuvre de longue haleine : « l'Aquitaine Pittoresque et Monumentale » que malheureusement la mort rapprochée des trois auteurs à laissée inachevée. C'est une réunion d'études d'archéologie et de folklore, où successivement les vieux monuments et les anciennes coutumes sont passées en revue avec une documentation savoureuse et des illustrations par le dessin et la photographie.

En étudiant les églises de *Sarbazan*, de *Roquefort* et de *Pomarez* MM. Dufourcet, Taillebois et Camiade constatent incidemment qu'elles étaient fortifiées.

Je n'ai visité récemment ni Sarbazan, ni Roquefort, ni Pomarez, mais je vais les étudier sommairement au point de vue de la fortification d'après « l'Aquitaine Pittoresque et Monumentale » :

« Tout à Sarbazan rappelle ce que l'on rencontre dans les autres églises du pays, même les parapets et les meurtrières établis à la fin de la guerre de Cent Ans, au-dessus des voûtes et du clocher, pour les besoins de la défense de l'église, qui, comme toutes les autres, devait être alors un poste militaire que sa situation rendait même plus important... Même à l'époque gothique les tours des églises du Marsan et de l'Armagnac sont restées carrées et massives... »

Une photographie de M. Camiade représente cette tour de Sarbazan qui s'élève, massive et carrée. Le grand appareil régulier qui constitue la robuste muraille est percé sur la face ouest, au-dessus de l'abside, par les deux meurtrières en croix caractéristiques de l'emploi du tir à l'arc par les archers anglais du XIVe siècle. Ce sont bien là les archères qui existent encore dans le clocher de Lévignacq et au-dessus de la nef de Lesgor.

M. l'abbé Bessellère a publié en 1887 dans le 2e bulletin de la Société de Borda, des « Notes archéologiques sur l'église de Sarbazan » qu'il a illustrées de croquis. J'y relève, au sujet des deux meurtrières de la tour que j'ai décrites d'après une photographie : « Dans la partie supérieure de la façade se trouvent, un peu par côté, deux petites ouvertures en croix. Il ne faut pas oublier que ces grandes tours carrées étaient dans le principe, ou devinrent dans la suite, des tours de défense. Dans l'intérieur, ces ouvertures en croix sont taillées en biseau aux angles des croisillons, de manière à permettre la direction de l'arme dans tous les sens. »

Cette tour carrée, sans contreforts, a 5 m. 50 de côté et environ 22 m. de hauteur ; d'après les dessins de M. l'abbé Bessellère, l'appareil est très régulier ; l'origine romane de la construction est établie par une baie à plein cintre percée dans la partie inférieure.

D'après l'un de ces croquis, le donjon, aux deux archères croisées, est couronnée par quatre merlons contenant trois créneaux. Le caractère de la forteresse, ainsi mieux déterminé, l'apparente avec le couronnement du clocher de Pomarez démoli, qui lui aussi portait des merlons et des créneaux. Cette double constatation étaie ma supposition que la plupart des tours carrées des églises fortifiées landaises étaient primitivement crénelées et que leur érection remonte avant le XIVe siècle, époque de l'établissement des machicoulis surplombants.

L'auteur donne l'esquisse de quatre chapiteaux romans, aux tailloirs décorés de damiers ou de fleurons entrelacés, et il les a ingénieusement interprétés au moyen de citations tirées de la Bible et de l'Apocalypse : dans le premier chapiteau il reconnait Dieu, dans sa majesté, entouré de l'arc-en-ciel dont parle le prophète Ezéchiel ; le deuxième représenterait le Verbe, Jésus-Christ ouvrant le Livre ; le troisième chapiteau s'appliquerait à Moïse et à St-Paul tenant l'équerre symbolisant la Loi ; dans le quatrième, des personnages ceints avec des linges figureraient la Foi. En résumé, ces explications restent douteuses, comme sont obscurs ces chapiteaux s'inspirant dans leurs figurations des prophètes sibyllins de la Bible et de l'obscure Apocalypse.

Ces sculptures à personnages n'en sont pas moins des épaves intéressantes de l'art roman du XIIe siècle dans nos régions.

XXI

Roquefort

La tour du clocher de l'église de Roquefort : « était bien — écrivent nos trois auteurs — il n'est pas permis d'en douter, le *fort primitif construit sur un rocher*, le *Roquefort* autour duquel est venu se grouper, à deux reprises différentes, une agglomération d'habitants... »

« Le donjon de Roquefort admirablement conservé remonte au IXe siècle. »

D'après la photographie de M. Camiade la tour se dresse en effet haute et puissante et elle doit remonter comme construction à une époque reculée du Moyen Age, sinon aux temps carlovingiens ; j'opinerais plutôt pour le XII• siècle à cause de la régularité de l'appareil.

Près du clocher s'élève l'abside romane ; elle est surmontée, comme à Magescq et à Lesgor, par une construction qui, malgré ses ouvertures dénaturées, n'a pu servir que de réduit fortifié. On ne comprendrait pas, sans un besoin de défense, l'érection pesante, sur les reins arrondis de l'abside, d'une semblable masse de maçonnerie ; on ne pouvait loger si haut de simples décharges, on a dû y établir un réduit.

XXII

Pomarez

A Pomarez, avec l'ancien clocher de l'église, malheureusement aujourd'hui démoli et remplacé par une construction moderne, on retrouvait les tours fortifiées du Born, du Marensin et du Marsan.

« A la pointe extrême d'un promontoire, écrivent MM. Dufourcet, Taillebois et Camiade, a été construit un vieux donjon servant actuellement de clocher à une église du XIVe siècle dont les baies ont été remaniées et mises en harmonie avec le style de l'église. Ce donjon, qui ressemble beaucoup à ceux du Marsan, offre cette particularité que la tour extérieure contenant l'escalier présente plusieurs retraits successifs qui font qu'elle est beaucoup plus étroite en haut qu'en bas... »

La photographie, jointe à cette étude des trois auteurs, montre une immense tour carrée située à l'ouest de l'église et flanquée, sur la gauche de sa face du Sud, par la tourelle de l'escalier, ainsi qu'on le voit encore notamment à St-Martin-de-Hinx, à St-Geours-de-Maremne, etc...

Sur différents points de la tourelle se remarquent des meurtrières droites.

La face sud de la grande tour carrée, découronnée cependant, laissait constater l'existence de quatre étages au-dessus du rez-de-chaussée et elle était étayée par un haut contrefort à quatre retraits. Au premier et au troisième étages, entre des ouvertures rectangulaires, se distinguent nettement les fentes de deux meurtrières droites.

Mais, tout au sommet, des pierres plates, droites ou couchées, semblent révéler l'emplacement d'anciens hourdages ou de machicoulis en pierres ?

***

Je n'avais connu tout d'abord la tour-clocher de Pomarez, démolie aujourd'hui, que par la phototypie de « l'Aquitaine Pittoresque et Monumentale », qui montrait exclusivement le côté sud, flanqué par la tourelle d'escalier, coiffée en poivrière et postérieure à la tour carrée.

M. le docteur Dissès, médecin au Boucau, a eu l'amabilité de me communiquer, depuis la rédaction de la précédente notice, quatre photographies représentant l'ancien clocher avant et après la restauration de l'église ; je l'en remercie cordialement.

Si deux de ces photographies montrent la face sud que je connaissais déjà, les deux autres, entre elles de grandeur différente, reproduisent la face ouest.

Ce côté-ci, plus élevé que les autres faces de gauche et de droite — que ces deux séries de photographies indiquent ou reproduisent — s'élevait sensiblement à la hauteur du toit conique de la tourelle d'escalier.

Cela me prouve que les pierres plates du sommet plus bas du côté sud, où je croyais retrouver un vestige de hourdages ou de machicoulis, ne servaient qu'à l'encadrement de fenêtres alors en partie détruites.

En revanche, ce mur de l'Ouest, qui avait conservé toute sa hauteur lors de la prise des clichés, était couronné par quatre créneaux que bordaient des pierres horizontales et verticales servant à consolider les cinq merlons d'encadrement. De bas en haut, au-dessus d'une grande ouverture moderne, s'étageaient des lucarnes étroites qui furent évidemment des meurtrières.

Quel dommage qu'un clocher neuf soit

venu remplacer une haute tour fortifiée, si facile à restaurer et encore partiellement surmontée de ses créneaux !

XXIII

Saubusse

Grâce à l'extrême obligeance de Monsieur Coumoul, Conseiller à la Cour d'Appel en retraite, qui a bien voulu me communiquer des notes successives — et je tiens à l'en remercier vivement — j'ai pu me convaincre que l'église de Saubusse montre encore quelques traces de fortification.

Comme cela a été constaté déjà plusieurs fois dans le cours de cette étude, ici, une tourelle d'escalier, à vis en pierre, permet d'accéder aux divers étages de la tour carrée qui sert de clocher ; à quatre ou cinq mètres du sol, dans le mur de la tourelle, une ouverture, en partie bouchée, qui avait primitivement o m. 85 de hauteur sur o m. 10 de largeur, constituait sûrement une meurtrière ; il faut en retrouver une encore dans une fente supérieure qui, haute de o m. 40, n'a comme la précédente que o m. 10 de largeur.

En ce qui concerne la tour-clocher, je me montrerai moins affirmatif : les faces ouest et nord laissent voir d'anciennes ouvertures — simples jours ne permettant pas l'accès ? — qui ont été bouchées et qui peut-être jadis servirent à la défense ?

L'église de Saubusse, fort intéressante,

remonte à l'époque de transition entre la dernière période romane et la première période gothique. Les chapiteaux, qui s'élèvent au-dessus de colonnes flanquant des pilastres rectangulaires, sont couronnés par des crochets d'angles et tapissés de feuillages. Les fenêtres de style roman, très étroites, très hautes, en plein cintre et à la bordure décorée, sont encadrées extérieurement et intérieurement par deux colonnettes que surmonte un tore contournant le sommet de la baie arrondie. La voûte en pierre, de style ogival, présente cette caractéristique : la croisée d'ogives est renfermée dans un quadrilatère de nervures, qui constituent évidemment des liernes et par suite indiquent la fin de la troisième période gothique.

Ce n'est pas la première fois, durant le cours de ce travail, que je constate qu'après la guerre de Cent Ans, dans ce temps de bien-être que connut alors la France, les voûtes de nos églises landaises furent ou restaurées ou rebâties, pendant ce que j'ai appelé une pré-renaissance.

La curieuse église de Saubusse présente malheureusement des signes de décrépitude ; une restauration, dirigée par l'Administration des Beaux-Arts, serait nécessaire pour assurer son existence, en lui conservant ses intéressants caractères archéologiques. Les lézardes des vieux monuments — la catastrophe de la Dalbade en est une preuve tristement récente — présagent trop souvent des ruines qui entraînent doublement des pertes de vies humaines et des pertes d'œuvres d'art.

XXIV

Poyartin

Ayant entendu dire que le clocher de Poyartin, commune située près de Montfort-Chalosse, avait été fortifié, j'ai demandé quelques renseignements à M. Franc Sampayo ; celui-ci, secondé par le curé de la paroisse, m'a envoyé des plans, des croquis en élévation, éclairés par les notes les plus complètes ; je les remercie l'un et l'autre très vivement.

En face du maître-autel de l'église s'élève une tribune Renaissance peu profonde dont « le joli arc en pierre aux sculptures élégantes est surmonté d'une balustrade en bois tourné. »

La clef de voûte du bas-côté de gauche, en entrant, porte une inscription mystérieuse dont la lecture et l'explication, rendues plus difficiles par l'emplacement, n'ont pu être faites jusqu'ici par les chercheurs.

Le toit de la tour est divisé en trois parties par une sorte de bulbe coupant en deux, avec de larges séparations cylindriques, un immense éteignoir ; ce mode bizarre, qui évoque un peu les styles russe et oriental, peut dater du XVIe siècle.

Sur la face ouest s'étagent deux longues archères à mousquet hautes de 1 m. 20 et de 1 m.; le trou rond du dessous doit avoir été adapté à de plus anciennes meurtrières ;

sur la face sud, une ancienne archère transformée, ayant 1 m. de hauteur, présente la caractéristique exceptionnelle de porter le trou d'arquebuse au sommet et non à la base.

Du bord du toit descend, sur le côté nord, une bretèche intacte, en saillie, qui a 1m60 de largeur et qui défendait une porte aujourd'hui abritée par un auvent moderne. A la même hauteur, au Midi, un trou de 1 m. de côté devait servir d'accès à une autre bretèche entièrement disparue ; elle pouvait défendre la base du mur ou une porte bouchée et cachée sous le crépissage ?

La tour-donjon de Poyartin a donc été mise en état de défense à deux époques différentes.

XXV

Rion-des-Landes

M. Albert Poisson a bien voulu spontanément m'adresser des renseignements sur l'ancienne église fortifiée de Rion et il les a complétés, sur ma demande, par des notes et des croquis : je le remercie doublement de son aimable et utile collaboration.

Ainsi que l'est encore l'église de Luz en Lavedan, dans les Hautes-Pyrénées, celle de Rion, d'après des documents conservés au presbytère, était autrefois entourée par un mur d'enceinte ayant 5 m. de haut et 1 m. d'épaisseur ; le plan cadastral offre quelques traces de ce rempart ancien. Une tour carrée, qui flanquait cette enceinte, servit d'abord de défense et ensuite de prison ; on la démolit vers 1840 pour paver le bourg avec ses moëllons.

L'église elle-même, avant sa restauration qui remonte à une soixantaine d'années au moins, formait une véritable forteresse.

L'architecte, qui procéda aux réfections peut-être trop peu discrètes, eut l'heureuse idée de dessiner l'état actuel d'un édifice qu'il allait si amplement modifier.

M. Poisson possède de ce dessin une reproduction qui mesure 0 m. 80 de largeur et donne par suite de nombreux détails. L'édifice, orienté, est représenté vu sur sa face nord, celle qui regardait le bourg.

Au Nord-Est, une sacristie, aujourd'hui démolie, présentait une fenêtre-meurtrière. Au Nord-Ouest s'élevait un haut clocher carré, à la toiture en bois, qui peut-être avait été aménagé pour la défense, car on y remarquait, inférieurement, sur le côté visible, une fenêtre-meurtrière, plus haut deux meurtrières parallèles et droites et au sommet, au-dessous du toit quadrangulaire, un trou carré qui pouvait être un créneau ?

Sur le dessin, la partie supérieure de l'église, au-dessus de l'abside et de la nef et au-dessous du toit, porte au Nord-Est cinq meurtrières droites, et au Nord-Ouest quatre créneaux, dont un placé à la gauche de la tour de bois et trois à sa droite.

Sur cette face du Nord, le bas-côté, éclairé par des baies ogivales, existait déjà avant la restauration. Le grand mur opposé du Sud sert d'appui à un bas côté établi lors des réfections ; auparavant, ce mur plein dominait l'extérieur ; il défendait les abords du bourg et le débouché du pont dit du « Boulet. » D'après les souvenirs de M. Poisson, ce mur massif, qui avait tout à fait l'aspect d'un rempart, était percé, en haut, comme le mur opposé par une succession semblable de meurtrières droites et de créneaux carrés.

La partie ouest de la nef de Rion, bordée en demi-cercle par des créneaux, semble établir que sur ce point, ainsi qu'à Magescq, à Lesgor et à Roquefort, était construit un réduit en demi-lune ; mais dans ces dernières églises ce bastion a été édifié, à l'inverse, au-dessus de l'abside.

Les murs des combles de la nef de Rion portent des traces de cheminées qui durent servir, en temps de troubles, à faire cuire les aliments de la garnison, et peut-être à faire bouillir des liquides à jeter sur les assaillants ?

Le porche roman remarquable qui a été heureusement conservé et replacé dans l'entrée nouvelle de l'Ouest, au-dessous du clocher récent, se trouvait autrefois placé au Nord-Ouest, à droite du clocher ancien, dans une construction ronde et basse : ce devait être là, probablement, la base subsistante d'une tourelle en maçonnerie qui dût s'écrouler jadis et qui servait d'escalier à la tour renversée ensuite ?

Il me paraît regrettable que cette vieille église de Rion ait perdu, lors de sa restauration, tous ces caractères de défense qu'elle réunissait plus complètement que la plupart des églises fortifiées landaises. Pourquoi, tout au moins, n'avoir pas conservé, comme ailleurs, les meurtrières et les créneaux du sommet de la Nef ?

XXVI

Quelques églises fortifiées landaises

Voici, d'après des renseignements divers, des notes que j'ai prises sur quelques églises des Landes, dont je n'ai pu, *de visu*, déterminer le caractère fortifié ou non.

MM. Dufourcet et Camiade, dans leur « *Aquitaine Pittoresque et Monumentale* », continuant, sans pouvoir eux non plus l'achever, une œuvre commencée à trois, ont étudié les bastilles du Marsan, du Tursan et du Gabardan, dans les Landes, et ils ont reconnu des traces de fortifications sur les tours des églises de *Bougues* et de *Saint-Cricq*, paroisses situées entre Mont-de-Marsan et Villeneuve.

« Le clocher de l'église (de Bougues), disent ces Messieurs, est un de ces donjons du XIe siècle dont nous avons parlé plus haut et qui servaient à la défense des baptistères... Le clocher de St-Cricq est, comme celui de Bougue, un donjon baptistère. C'est probablement le plus ancien de ceux que nous avons vus... Il a tout l'aspect d'une construction antérieure à l'an mille. »

Sans me permettre de me prononcer formellement sur l'existence si reculée que ces auteurs donnent aux tours de Roquefort, de Bougue, et de St-Cricq, je crois qu'on peut seulement les faire remonter à une des dernières périodes romanes.

D'autre part, vers la fin de l'année 1925, M. Raymond Rey, agrégé d'histoire et docteur ès lettres, a publié une étude, abondamment illustrée et très documentée, sur les vieilles églises fortifiées du Midi de la France. Je n'ai eu connaissance de cet important ouvrage que lorsque mon travail, moins général, touchait à sa fin. Cette lecture n'a rien changé ni ajouté à mes conclusions. Si M. Rey, en effet, justifie que la plupart de nos cathédrales méridionales étaient souvent originairement fortifiées, et s'il décrit un grand nombre d'églises rurales du Languedoc, de la Gascogne et de la Guyenne, munies en général de défenses postérieures à leur érection, il n'a pas connu, à ces points de vue divers, notre région landaise.

Il reproduit simplement le plan de l'église de Magescq extrait de l'étude que lui avait consacrée Auguste Brutails et il écrit en regard de cette planche mais sans application spéciale : « On ne compte pas les édifices qui furent ainsi partiellement fortifiés, surtout du XIVe siècle au XVIe. Mais tous ces ouvrages si pittoresques ont à peu près disparu à la suite de fâcheuses restaurations ou reconstructions. Il faut aller dans quelques coins isolés de nos vieilles provinces pour trouver encore quelque survivance de cette architecture militaire à la fois sommaire et accidentelle... »

Et M. Rey ajoute en note : « C'est le cas de la petite église de Magescq (Landes), une des rares églises fortifiées de la région, elle a été étudiée récemment par M. Brutails. »

Si cet auteur érudit avait pu visiter les églises landaises du Born et du Marensin, il aurait vite reconnu que, si plusieurs d'entre elles sont neuves ou dénaturées, un grand nombre présente encore des traces indiscutables ou des restes multiples de fortifications.

A la fin de son Répertoire final d'églises fortifiées, M. Rey — après avoir consacré antérieurement à Magescq, en sus de la reproduction du plan de l'église, les deux lignes précédentes — nomme simplement, sous l'article « Landes » et avec cette mention : « beaucoup plus nombreuses autrefois, XVe et XVIe siècle » les deux seules églises de *Montfort* et de *Vielle-Soubiran*.

L'église de *Montfort-Chalosse* est fort ancienne, retouchée à diverses époques, et notamment au XVe siècle, elle montre un chœur aux arcatures romanes, où, chose étrange, certains chapiteaux historiés qui rappellent ceux de l'abside extérieure de St-Paul-lez-Dax présentent cette curieuse caractéristique d'être en plâtre !

L'église de Montfort — petite ville anciennement fortifiée comme son nom et l'état des lieux l'indiquent — est bâtie avec son clocher en dehors de l'agglomération. Cela indique que l'église et sa tour durent être primitivement fortifiées.

M. Franc Sampayo — et je l'en remercie encore — a établi pour moi un plan détaillé et annoté de ces deux édifices. Si l'église ne présente aucune trace de défense, le clocher, comme je le prévoyais, a été sûrement fortifié. Sur la face sud sont percées deux ouvertures étagées « longues, déformées et élargies » qui ont dû être des fenêtres meurtrières ? Mais sur le côté nord s'ouvre une meurtrière pour mousquet caractérisée par le trou rond inférieur et par la fente du dessus. La tour a été recouverte, au XVIe siècle, par une toiture à angles arrondis et à tourillon supérieur rappelant un peu celles de Magescq et de St-Paul-lez-Dax.

M. le chanoine Tauzin, l'historien landais, curé de St-Justin, a bien voulu me communiquer une ancienne photographie de la petite église de *Vielle-Soubiran*.

Au Levant se dresse un mur-pignon contenant les cloches dans un appentis et ne semblant pas porter des traces de défenses, mais les murs de la nef très haute, autant que permet d'en juger l'épreuve médiocre, paraissent avoir été crénelés au sommet.

MM. Dufourcet et Camiade, en parcourant et en étudiant les bastides du Marsan, visitèrent la Bastide-d'Armagnac « où l'on se croirait encore au XIVe ou au XVe siècle... son clocher, quoique construit au

XVe siècle, rappelle par sa forme les donjons de l'époque romane. »

Cette tour carrée, comme le montre la photographie faite par M. Camiade, s'élève à l'angle de la place bordée d'arceaux ; elle est flanquée à l'ouest par deux contreforts et elle a dû servir à la défense.

Peut-être que les quatre ouvertures supérieures de la face ouest, arrondies en plein cintre au sommet, ont été percées plutôt pour faciliter l'extension du son des cloches que pour servir de créneaux, mais les deux fentes droites et parallèles du dessous sont sûrement des meurtrières destinées au tir de l'arc ou de l'arbalète.

Je dois mettre un terme à mon étude, mais combien d'églises fortifiées des Landes inconnues de moi auraient pu s'ajouter à une nomenclature déjà longue. On ne saurait prétendre épuiser un sujet, et quelqu'un, après moi, développera ces notes et complètera cette liste.

XXVII

Epoques probables des fortifications

Au fur et à mesure de mes visites et de mes recherches, certaines de mes impressions premières ont pu se modifier, mais j'en suis arrivé, en terminant un travail trop incomplet, à persister dans cette opinion initiale : Sur la rive gauche landaise de l'Adour, aux pays de Chalosse et de Tursan, si la fortification fut exceptionnelle dans les églises, en revanche, sur la rive droite et particulièrement dans les régions maritimes du Marensin et du Born, leur mise en défense primitive ou postérieure constituait une règle quasi absolue.

A défaut de documentation écrite ancienne, sur le simple recours à l'examen des yeux et aux dires des tiers, malgré les indications des traités spéciaux, il est fort difficile de donner une date précise à l'époque de ces travaux militaires. Aussi, dans les essais qui vont suivre, me livrerai-je non pas à des déterminations sûres mais à de simples suppositions : mes dires s'appuieront en général sur des probabilités et parfois sur des possibilités.

Epoque romane. — XIIe siècle. — L'appareil régulier du clocher-donjon de *Roquefort,* semblable à celui de l'église, fait que je répugne décidément à reporter plus haut que le XIIe siècle cette construction que les auteurs de l'« *Aquitaine Pittoresque et Monumentale* » attribuent aux temps carlovingiens.

Il en est de même des clochers fortifiés de *Sarbazan*, de *Bougues* et de *St-Cricq* : s'ils appartenaient à un temps antérieur à la dernière période romane, ils ne seraient pas venus jusqu'à nous aussi robustes, aussi intacts, et de plus ils présenteraient quelques traces du mode de bâtir gallo-romain que les premières périodes romanes essayèrent de conserver dans leurs hésitantes imitations. Au contraire, l'architecture romane du XIIe siècle avait entièrement évolué et ses constructeurs, prédécesseurs des grands maîtres du XIIIe siècle, étaient fort expérimentés dans l'art de bâtir, sinon toujours dans la science de neutraliser la poussée des voûtes.

Première période gothique : XIIIe siècle. — Si dans le Nord et le Centre de la France, dès la première période gothique, les tours deviennent rondes, dans le Midi les tours carrées persistent d'une manière générale.

Je suis porté à attribuer au XIIIe siècle les tours rectangulaires des églises de *Lesperon*, *Lévignacq*, *Mézos*, *St-Julien*, *Lit*, *St-Girons*, *Linxe*, *Lesgor*, *St-Jean-de-Marsacq*, *St-Martin-de-Hinx*, *St-Geours-de-Maremnes*, *Arjuzanx*, *Pomarez*, *Saubusse*, *Montfort*, *Poyartin*, etc. Que ces clochers existent encore ou aient été démolis, ils présentent ou présentaient entre eux un air de famille. Voici les points de détail sur lesquels j'appuie mes dires :

Hourdages. Ces appentis en bois du sommet des édifices, qui précédèrent les *bretèches* du XIIIe siècle et les *machicoulis* du XIVe, se voient dès la fin du XIIe siècle, comme le prouve, entre autres, la tour de Saint-Bertrand de Comminges. Or, le haut du clocher de *Lesperon*, sur sa face sud, est couronné par une rangée continue de corbeaux qui s'expliquent uniquement par un *hourdage* disparu.

Meurtrières. « Ces ouvertures, dit Viollet-

Le-Duc, dans son Dictionnaire d'architecture du Moyen-Age, apparaissent dans les fortifications du commencement du XIIe siècle ; assez rares alors, elles se multiplient pendant le XIIIe siècle et elles participent aux moyens de défense ; vers le milieu du XIVe siècle ces ouvertures deviennent de plus en plus rares dans les parties inférieures de défense et se multiplient à leur sommet...» Viollet-Le-Duc ajoute : « que les meurtrières droites descendent souvent en s'élargissant. »

Les deux meurtrières droites du premier étage de la tour de l'église de St-Girons s'élargissent en descendant et passent de 0 m. 15 à 0 m. 24.

Dans la partie la plus ancienne du clocher de l'église de Lesgor sont percées deux meurtrières droites, à la hauteur du premier étage, mais dans la partie haute, plus récente et reconstruite en appareil irrégulier, se voient les restes énormes d'une bretèche du XIVe siècle. En outre, à Lesgor, le sommet des murs de la nef est couronné par des archères du XIVe siècle et par des meurtrières à mousquet du XVe que nous retrouverons postérieurement.

On peut donc, de même, attribuer à la première période gothique les trois meurtrières « courtes et droites » suivant un terme de Viollet-Le-Duc du sommet du rez-de-chaussée du clocher de *Mézos* ; les deux, situées à la même place à *Lit* ; les cinq meurtrières droites de 0 m. 60 sur 0 m. 10 d'*Arjuzanx* situées toujours à la même hau-

teur sur les faces sud, ouest et nord ; les deux de *Lesgor*, sur la face sud de la partie ancienne de la tour.

Créneaux. De la fin du XIIIe siècle au XIVe, le bas des murs est protégé par l'avancée des *bretèches* des faces et des *machicoulis* du sommet des fortifications. Des créneaux et des merlons s'érigeant droits et sans saillie indiquent donc une époque antérieure.

Avant sa démolition, la tour de l'église de *Pomarez* présentait sur sa face ouest quatre créneaux bordés par cinq merlons revêtus de pierres plates et prolongeant le parement des murs.

Toutes les tours dont nous avons parlé paraissent avoir perdu de leur hauteur initiale et elles devaient, le plus souvent, être primitivement surmontées par des créneaux.

On peut donc, avec vraisemblance, faire remonter ces couronnements verticaux au moins au XIIIe siècle, à l'occupation anglaise, ou au commencement de la Guerre de Cent Ans.

Deuxième période gothique : XIVe siècle.

Si nous venons d'attribuer au XIIIe siècle l'époque probable de l'édification des tours-donjons des églises landaises, nous placerons approximativement dans les siècles qui vont suivre des détails d'architecture militaire se faisant suite et se complétant.

Fenêtres-meurtrières. Je n'ai appelé meurtrières ces hautes et étroites ouvertures que par analogie de forme. En réalité, elles n'étaient pas destinées, sauf exceptions, au jet des projectiles de la garnison, mais à la protéger contre les agressions du dehors ; ces fenêtres, hautes en général de plus de 2 m. et larges de moins de 0 m. 20, avaient pour objet principal, tout en répandant quelque jour à l'intérieur, d'empêcher les corps des assaillants de passer à travers.

Ces fentes si hautes et si étroites s'apparentent un peu avec les baies primitives ogivales qualifiées de lancettes, et dont l'abside de Linxe conserve un modèle haut de près de 3 mètres et large de 0 m. 40 seulement.

Dans nos églises landaises, ces fenêtres-meurtrières s'associant avec un système de défense assez déterminé comme époque, nous avons tendance à les attribuer au commencement du XIVe siècle ou à la fin du XIIIe ?

Nous signalerons successivement : la grande fenêtre-meurtrière ouverte et la petite, bouchée, de la nef de *Magescq* ; les deux grandes du clocher de *Lesperon* ; les fenêtres-meurtrières murées de la nef de *Lesgor* ; les deux grandes de la tour de *St-Jean-de-Marsacq* ; les trois grandes du clocher et les quatre très hautes de la nef, dans l'église de *St-Martin-de-Hinx* ; les fenêtres rectangulaires étroites de la nef de *Biarrotte* ; la fenêtre-meurtrière moyenne et la grande du clocher de *St-Geours-de-Maremnes*, et les cinq moyennes de l'abside ; les deux ouvertures longues, déformées et élargies de la face sud du clocher de *Montfort*.

Les bretèches, nous le savons, appliquées

contre un mur, en défendaient la base ou protégeaient une porte ; elles ont dû précéder les machicoulis du haut des murailles et peuvent remonter chez nous au commencement du XIVe siècle, ou à la fin du XIIIe ?

On relève des corbeaux soutiens d'une bretèche, au haut de la nef de l'église de *Magescq*, au-dessus d'une porte gothique murée. Deux bretèches en parfait état sont en place contre la tour de *Lesperon*. D'énormes corbeaux en relief, sur la partie supérieure rebâtie du clocher de *Lesgor*, révèlent l'existence ancienne de cet ouvrage ; il en est de même pour les trois grands crochets de pierre qui surplombent la porte nord de la tour de *St-Jean-de-Marsacq*. Une grande bretèche, intacte et très saillante, s'élève au sommet du côté nord de la tour de *Poyartin*.

Créneaux. Si les merlons revêtus de pierres du clocher démoli de Pomarez indiquaient qu'ils étaient contemporains de la construction de l'édifice qu'ils surmontaient, le simple crénelage du sommet des murs de la nef, que nous avons relevé à *Magescq*, à cause des autres défenses auxquelles il s'associe, peut être attribué au XIVe siècle. Par suite nous émettrons la même opinion au sujet des créneaux de la nef du chœur de *Linxe* et de l'abside de *St-Geours-de-Maremne*.

Donjons sur les absides. C'est encore au XIVe siècle, à cause d'un voisinage fréquent avec les fenêtres-meurtrières, les bretèches et les créneaux, que nous ferons remonter les donjons établis sur les absides. Nous n'avons relevé ces réduits fortifiés que sur l'extrémité de chœurs romans, qui, moins hauts que les chœurs gothiques, offraient à des constructions nouvelles, sur l'extrados de leur cul de four appareillé, une assiette basse et solide.

Aussi les absides de *Magescq*, de *Lesgor* et de *Roquefort*, portent, chacune, un réduit demi-circulaire couronné semblablement de grands créneaux et d'énormes merlons ; ces donjons véritables étaient primitivement à ciel ouvert, et ils furent abrités postérieurement sous une toiture pour protéger le sanctuaire contre les infiltrations.

Le sommet de l'abside de *St-Girons* était occupé par un poste de guetteurs caractérisé par deux meurtrières droites. La partie ouest crénelée de la nef de Rion semble, d'après un dessin, avoir avant sa restauration supporté un réduit fortifié ?

Archères en croix. En parlant de l'église de *Lévignacq* nous avons démontré que dans les régions du Sud-Ouest qu'ils occupaient, les Anglais, au XIVe siècle, pour faciliter le tir à la volée et de but en blanc de leurs archers, avaient, les premiers en France, établi des meurtrières traversées d'une croix parfois évasée aux extrémités.

Deux archères en croix s'élèvent non pas au sommet mais dans la partie supérieure des tours de *Lévignacq* et de *Sarbazan*. A *Lesgor*, ces mêmes meurtrières croisées et parfois évasées à leurs extrémités, voisinent, au sommet des murs de la nef et sous les combles, avec des meurtrières pour mousquet moins anciennes que nous pourrons dater, elles, presque sûrement du milieu du XVe siècle.

Troisième époque gothique : XVe siècle.

La défense de nos églises continuera, d'après les progrès des armes à feu, à adopter des moyens nouveaux de fortifications, des formes nouvelles de meurtrières, pendant la première moitié du XVe siècle, jusqu'à la fin de la Guerre de Cent Ans.

L'église de *Lesgor*, fortifiée à la fois dans la tour-clocher, au-dessus de la nef et au-dessus de l'abside, est particulièrement intéressante ; en effet, la base ancienne de la tour, avec ses deux meurtrières droites, surmontée d'une partie refaite conservant des traces de bretèche, nous indique un point de départ et un point de continuation dans la série des défenses ; puis la fenêtre flamboyante de la nef, dans le style de la fin du XVe siècle, qui ne put être ouverte que lorsque la guerre de Cent Ans fut achevée, est venue rendre inutiles et terminer les derniers travaux de fortification.

Meurtrières à mousquet. « L'artillerie, dit Viollet-Le-Duc, vint alors modifier de nouveau la forme des meurtrières. Celles-ci ne se composaient plus que de trous ronds pour passer la gueule du mousquet avec une mire par dessus... On observera que ces trous sont percés dans une dalle assez mince, posée au nu-extérieur du mur de défense et entourée d'un ébrasement en maçonnerie à l'intérieur ; une balle de mousquet lancée du dehors pouvait très bien briser la dalle... »

C'est le haut de la nef de l'église de Lesgor qui peut seulement, dans les Landes, nous fournir des meurtrières à mousquet datant sûrement de la première moitié du XVe siècle et par suite de la fin de la guerre de Cent Ans. Au sommet des murs de la nef, sous les combles, se retrouvent, nous l'avons vu, avec des meurtrières droites, des meurtrières croisées dans le style du XIVe siècle. Mais, auprès, et sur l'un et sur l'autre côté, s'ouvrent des trous ronds à mousquet surmontés de leur mire droite. L'invention du mousquet à main coïncide avec la fin de la Guerre de Cent Ans et son emploi fut pratiqué presque immédiatement dans la défense supérieure des forteresses.

A Lesgor, ainsi que l'indique Viollet-Le-Duc, le trou rond et sa mire sont pratiqués dans une tablette de pierre qu'une balle du dehors aurait pu briser. Cependant, ici, on constate, fait très curieux sinon unique, une association sur la même table de pierre, quatre fois percée, d'une meurtrière d'archer et d'une meurtrière d'arquebusier : au bas le trou rond du mousquet surmonté, isolément, de sa mire verticale ; au-dessus, la fente horizontale du jeu de l'arc, et plus haut et toujours isolée, la fente verticale de la mire.

Meurtrières obliques. Viollet-Le-Duc attribue au XVe siècle ces dispositions obliques, destinées au tir latéral, et parfois à mieux dissimuler le tireur. A *Magescq*, sur le réduit, deux meurtrières obliques enfilaient les deux lignes des créneaux des combles ; à Mézos, deux ouvertures obliques longeaient avec leur tir les deux côtés extérieurs de la nef. Mais, à Lesgor, une meurtrière très étroite et très évasée d'un côté s'ouvrait dans l'angle formé par la nef et par un contrefort : l'archer tirait latéralement et il était doublement protégé contre la vue et contre les coups.

Meurtrières des tourelles. Ces tourelles d'escalier remontant, pour la plupart, au XVe siècle, à cause de leur forme en général polygonale, c'est donc à la même époque qu'il faut attribuer les ouvertures qui les percent : ce sont à la fois des jours d'éclairage et, vu leur étroitesse, des meurtrières de défense.

On peut en relever de semblables dans les tourelles d'escalier de *Tarnos*, de *St-Jean-de-Marsacq*, de *Biarrotte*, de *Saubusse*. La tourelle de Pomarez en présentait aussi avant sa démolition ; bâtie par segments superposés de plus en plus étroits, cette disposition rendait l'escalade dans la vis de pierre de plus en plus difficile.

Quant à *St-Martin-de-Hinx*, la base ronde de la tour d'escalier doit probablement être antérieure à la partie polygonale qui la surmonte ; aussi serais-je tenté de reporter au XIVe siècle les trois meurtrières de 1 m.

de hauteur sur o m. 10 de largeur qui sont percées dans les murs de la base arrondie.

La partie inférieure rectangulaire de la tour d'escalier de Lesperon doit être également plus ancienne que la tourelle polygonale surmontante, qui, elle, doit dater du XVe siècle.

Le XVIe siècle : Les Guerres de Religion. Meurtrières pour mousquet. L'invention du mousquet et son application aux défenses ne remontent qu'à la fin de la Guerre de Cent Ans. J'ai cru ne devoir attribuer au XVe siècle que les meurtrières si caractéristiques de l'église de Lesgor.

J'estime donc pouvoir reculer jusqu'aux guerres de Religion les autres trous ronds surmontés de mires, qui sont plus amples, plus robustes, moins haut placés, et toujours percés dans la muraille et jamais, comme à Lesgor, dans une tablette de pierre.

C'est donc au XVIe siècle qu'il faut attribuer les trois meurtrières à mousquet du bas de la tour de *St-Geours-de-Maremne* et les trous ronds qui se voient à la base de la tourelle d'escalier ; les six meurtrières rondes surmontées de leur mire de la tour d'*Arjuzanx* ; celle qui se voit dans le mur nord du clocher de *Montfort* ; les trois meurtrières semblables établies dans le clocher de *Poyartin* : deux étagées à l'Ouest, une renversée au Sud ; il s'agissait ici probablement de meurtrières plus anciennes accommodées pour les mousquets, au temps des Guerres de Religion.

Meurtrières accolées. Les quatre petites meurtrières accolées, du haut de l'escalier de la tourelle à Lit, étaient trop rapprochées pour pouvoir servir au tir de l'arc ou de l'arbalète. Le plancher qui les desservait, quoique vermoulu, existe encore en partie. C'était là, sans aucun doute, un poste de quatre arquebusiers, du temps de la fin des guerres de Religion, qui surveillait et battait l'Ouest de l'église. La meurtrière droite, courte et étroite succéda, pour le service des arquebuses — au canon moins gros que les primitives — aux trous ronds surmontés de leur mire.

Embrasures. « Le château de Romaguil, dit Viollet-Le-Duc dans son Dictionnaire, date du règne de Louis XI et possède à la base des remparts quelques embrasures. » Dans le dessin qui accompagne ses explications, l'auteur montre une embrasure à canon, d'une dimension supérieure évidemment, mais s'ouvrant comme les meurtrières à mousquet en forme de trou rond surmonté d'une mire verticale et rectangulaire.

Je n'ai relevé d'embrasures à canon dans les églises fortifiées landaises qu'au bas des murs de la tour de *St-Jean-de-Marsacq*. Mais, ici, il ne s'agit plus d'un trou rond surmonté d'une mire ; d'ailleurs, pendant le règne de Louis XI, on n'aurait guère compris, sous ce roi dévòt, qu'on tirât le canon au bas des églises. Les villes fortes du Midi suffisaient bien aux brèves campagnes des diverses rebellions des ligues dites du Bien Public. Les embrasures de St-Jean-de-Marsacq placées, une au bas de la face sud de la tour, deux au bas de la face ouest, entre leur large et bas évasement extérieur, s'ouvrent en carré de o m. 20 de côté.

Il s'agit là indubitablement d'une mise en défense pour l'artillerie de cette tour ancienne si robuste, établie au cours des guerres de Religion.

Il est fort possible que pendant les guerres de la Fronde, qui agitèrent si vivement Bordeaux et la région du Sud-Ouest, les divers partis aux prises aient utilisé les églises fortifiées du Born, du Marensin ou du Marsan, mais aucune trace ne démontre qu'ils y aient ajouté des défenses nouvelles.

XXVIII

CONCLUSIONS

Je souhaite, en terminant cet essai si incomplet et si à fleur de coup d'œil, qu'il soit utile à la conservation des églises dont je parle ; je souhaite, en second lieu, qu'il contribue, fortifiées ou non, à la défense des vieilles églises landaises trop souvent en danger de démolition.

Si les églises neuves se comprenaient, en cas d'incendie, d'écroulement, d'insuffisance, dans les temps de foi du Moyen Age, alors qu'elles se bâtissaient lentement avec les subsides des fidèles, et que leur style se modifiait avec les siècles dont l'art progressait ou s'abâtardissait avant de se transformer, on ne saurait comprendre aujourd'hui la démolition d'un édifice religieux ancien sinon lorsqu'il menace ruine et ne saurait être restauré ; ils ne sont plus hélas, insuffisants !

Quoiqu'on fasse, de nos jours une église neuve n'est qu'une copie, un pastiche, presqu'une contrefaçon.

Combien je me réjouirai si j'ai éveillé l'attention des Maires et des Curés sur l'intérêt des églises fortifiées ou anciennes de leur commune. Au point de vue matériel, s'ils les voient visitées par les touristes de passage, ils y reconnaîtront un élément de richesse nouveau, dans nos Landes déjà si riches par ailleurs.

Mais alors, que, dans un zèle mal entendu, ils ne confient pas à des artisans, compétents pour bâtir et pour couvrir des granges ou des maisons de village, le soin d'une restauration imprudente d'édifices anciens.

S'ils ne connaissent pas d'architectes capables de restaurer leur église, qu'ils s'adressent pour s'en procurer un aux administrations préfectorale et religieuse qui le leur fourniront ; les architectes préfectoraux ou diocésains sont le plus souvent, à la fois, ceux désignés par la Commission des Monuments Historiques.

Cependant, en sus de l'intérêt d'art archéologique, c'est au point de vue moral, surtout, en nous élevant au-dessus des intérêts touristiques ou budgétaires, que nous devons veiller sur nos églises anciennes et les défendre dans toute la mesure de nos forces. Aussi je terminerai ces considérations, en citant ce qu'écrivait Auguste Brutails, au sujet de l'église de Magescq et ce qui s'applique à toutes les autres, qu'elles soient ou non fortifiées.

« Dans cette église, durant des siècles, nos pères se sont élevés au-dessus des préoccupations quotidiennes, nos mères ont prié et pleuré. Vous, et depuis bien longtemps vos prédécesseurs, avez fait une station dans cette nef à toutes les étapes solennelles de votre existence : quand vous êtes venus au monde, quand vous êtes entrés dans l'adolescence, quand vous avez fondé un foyer. Là vous avez accompagné pour la confier à la terre la dépouille de vos chers morts sur laquelle le prêtre a laissé tomber des paroles de consolation et d'espérance. Ne laissez pas disparaître cette église, si intimement mêlée à votre vie et à celle de votre race. »

Xavier de CARDAILLAC.

P. S. Depuis l'achèvement de ce travail, j'ai eu l'occasion de visiter Rion-des-Landes. Sur le dessin teinté représentant l'ancienne église que conserve M. A. Poisson, j'ai constaté que la tour carrée ancienne, portant des meurtrières, était bâtie en moellons et que la haute toiture revêtue d'ardoises était construite en bois. Ce toit, plus récent, à tourillon pointu, rappelait ceux de Magescq et de St-Paul-lez-Dax, et pouvait remonter au XVIe siècle.

Précédé d'un porche roman moderne, le portail ancien roman est décoré par quatre chapiteaux du XIIe siècle fort intéressants mais un peu trop grattés lors des restaurations datant de 1868. Ils représentent : St-Barthélemy portant un couteau symbole de son martyre, et Daniel dans la fosse aux lions ; — Le Massacre des Innocents, et la Fuite en Egypte ; — La Présentation de la Vierge au Temple avec Siméon et Anne ; — Les enfants qui insultèrent le prophète Elisée dévorés par des ours.

Sur le tympan, le Christ docteur est entouré des quatre évangélistes, figurés par l'aigle de St-Jean, l'ange de St-Mathieu, le lion de St-Marc et le bœuf de St-Luc.

J'ai visité, dans les mêmes circonstances, l'église d'Onesse qui porte encore des traces certaines de fortifications. Le clocher moderne gothique, sis à l'Ouest, a dû remplacer une tour-donjon carrée semblable à celles du Born et du Marensin ; à côté de cette construction neuve s'élève une tourelle-escalier hexagonale, du XVe siècle, à vis en pierre, portant au sommet trois meurtrières parallèles semblables à celles conservées au-dessus de la tour-escalier de Lit.

L'église, restaurée lors de l'édification du clocher, et augmentée alors, de même qu'à Rion, d'un second bas-côté, avait été reconstruite ou revoutée vers la fin de la troisième période gothique. L'abside romane ne conserve guère comme caractéristique — sans parler de son mobilier et de sa décoration modernes figurant ce style — que sa forme en cul de four.

A l'extérieur, au-dessus de l'abside, se voient très nettement, comme au-dessus du chœur de St-Girons, quatre meurtrières hautes d'environ 0 m. 40, larges de 0 m. 15, qui protégeaient un réduit fortifié ou tout au moins un poste de déferse.

L'église fut bâtie, ainsi que plusieurs autres de la région, sur un tertre naturel encore en partie écrêté aujourd'hui, et qui primitivement devait être escarpé sur tout son pourtour.

X. de C.

FIN

www.ingramcontent.com/pod-product-compliance
Ingram Content Group UK Ltd.
Pitfield, Milton Keynes, MK11 3LW, UK
UKHW021058270726
13994UKWH00009B/692

9 782329 325248